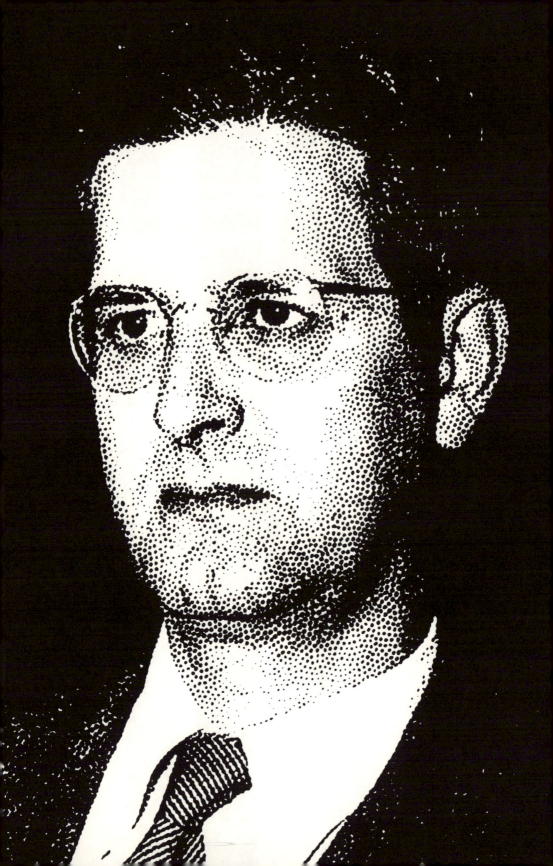

CAIO PRADO JÚNIOR

HISTÓRIA E DESENVOLVIMENTO

A contribuição da historiografia
para a teoria e prática
do desenvolvimento brasileiro

© desta edição, Boitempo, 2021

Direção-geral Ivana Jinkings
Coordenação da coleção Luiz Bernardo Pericás
Edição Thais Rimkus
Coordenação de produção Livia Campos
Assistência de produção Camila Nakazone e Pedro Davoglio
Preparação Lyvia Felix
Revisão Silvia Balderama Nara
Capa Maikon Nery
óleo sobre tela *Vista da Ilha de Itamaracá*, Brasil, Frans Jansz Post, 1637 (Rijksmuseum)
Diagramação Antonio Kehl

Equipe de apoio Artur Renzo, Carolina Mercês, Débora Rodrigues, Elaine Ramos, Frederico Indiani, Higor Alves, Isabela Meucci, Ivam Oliveira, Kim Doria, Lígia Colares, Luciana Capelli, Marcos Duarte, Marina Valeriano, Marissol Robles, Marlene Baptista, Maurício Barbosa, Raí Alves, Tulio Candiotto, Uva Costriuba

---

SINDICATO NACIONAL DOS EDITORES DE LIVROS, RJ

P917h

Prado Júnior, Caio, 1907-1990
História e desenvolvimento : a contribuição da historiografia para a teoria e prática do desenvolvimento brasileiro / Caio Prado Júnior ; [coordenação Luiz Bernardo Pericás]. - [4. ed]. - São Paulo : Boitempo, 2021.
(Caio Prado Júnior ; 1)
Inclui bibliografia
Posfácio; sobre o autor
ISBN 978-65-5717-105-9

1. Brasil - Condições econômicas. 2. Brasil - Condições econômicas - Historiografia. I. Pericás, Luiz Bernardo. II. Título. III. Série.

21-74126   CDD: 330.981
       CDU: 330(81)

Leandra Felix da Cruz Candido - Bibliotecária - CRB-7/6135

É vedada a reprodução de qualquer parte deste livro sem a expressa autorização da editora.

1ª edição: novembro de 2021

BOITEMPO
Jinkings Editores Associados Ltda.
Rua Pereira Leite, 373
05442-000 São Paulo SP
Tel.: (11) 3875-7250 | 3875-7285
editor@boitempoeditorial.com.br
boitempoeditorial.com.br | blogdaboitempo.com.br
facebook.com/boitempo | twitter.com/editoraboitempo
youtube.com/tvboitempo | instagram.com/boitempo

*A Maria Odila, que me estimulou e
me acompanhou na elaboração de minha tese
e também me incentivou agora a publicá-la.*

SUMÁRIO

Nota da edição, *Luiz Bernardo Pericás* 9

Prefácio: "Os enigmas do círculo vicioso", *Florestan Fernandes* 11

História e desenvolvimento 17

I 30

II 43

III 49

IV 55

V 62

VI 67

VII 70

VIII 77

IX 92

X 110

Bibliografia citada pelo autor ao longo da obra 119

Posfácio: "A economia política do Brasil e seu mestre soberano",
Leda Paulani 121

Sobre o autor 141

NOTA DA EDIÇÃO

Luiz Bernardo Pericás

Com a publicação de *História e desenvolvimento*, a Boitempo inicia a coleção Caio Prado Júnior, que contará com uma série de livros emblemáticos do autor de *Formação do Brasil contemporâneo*. A demanda dos leitores por diversas obras do intelectual paulista tem sido grande, já que parte de seus trabalhos não é reeditada há décadas. Por isso a importância dessa iniciativa, que levará ao público facetas menos conhecidas de um dos mais importantes intérpretes de nossa realidade, disponibilizando às novas gerações desde escritos de juventude de CPJ até seus artigos da fase da maturidade, incluindo estudos sobre União Soviética, socialismo, teoria econômica, filosofia e coletâneas.

História e desenvolvimento: a contribuição da historiografia para a teoria e prática do desenvolvimento brasileiro, tese de livre-docência com a qual Caio Prado Júnior, incentivado por Sérgio Buarque de Holanda, pretendeu concorrer à cadeira de história da civilização brasileira da Faculdade de Filosofia, Ciências e Letras da Universidade de São Paulo, foi originalmente impressa sem fins comerciais na gráfica Urupês (empresa da família), em 1968, para ser apresentada à banca, que acabou cancelada por motivos políticos.

A primeira edição deste opúsculo só seria de fato lançada no mercado pela Brasiliense em 1972, composta e impressa pela Sedegra, do Rio de Janeiro, com capa de Nelson Quaresma e revisão de texto de Antônio

Sérgio Guimarães. Nesse caso, o autor incluiria um preâmbulo seu, concluído em março daquele ano.

A segunda edição, de 1978, manteria uma *portada* similar à original, preparada pelo mesmo artista, com cor e fontes tipográficas diferentes. A revisão ficou a cargo de Dinah Silveira Borges e a impressão foi realizada nas oficinas da Santos Marcondes, no bairro da Aclimação (São Paulo).

Finalmente a terceira edição, publicada em 1989, com *cover design* de Moema Cavalcanti e revisão de Eneida da Silva Gordo e José Waldir S. Moraes. Foram utilizados, na ocasião, os serviços da Prol, gráfica no paulistano Brás. Aqui, a introdução redigida por Caio, que constava nas duas edições anteriores, foi suprimida, ao mesmo tempo que o sociólogo Florestan Fernandes foi convidado para escrever um prefácio, o qual, intitulado "Os enigmas do círculo vicioso", ele completou em 10 de julho de 1988.

A presente edição preservou o texto original (com as devidas atualizações ortográficas e padronizações editoriais), restituindo a apresentação de 1972. Além disso, foram incluídas ao fim as breves indicações bibliográficas presentes na tese de 1968 e na versão de 1989, assim como uma lista das referências citadas pelo autor nas notas de seu trabalho, elaborada pela equipe da Boitempo. Também mantém o já consagrado texto de Florestan e inclui posfácio inédito da economista Leda Paulani, orelha do historiador Fernando Novais e quarta capa do cientista político Paulo Sérgio Pinheiro – todos eles importantes intelectuais brasileiros, à altura da fundamental obra de Caio Prado Júnior.

Prefácio
OS ENIGMAS DO CÍRCULO VICIOSO
Florestan Fernandes

Caio Prado Júnior dedicou-se à investigação e à explicação da economia brasileira ao longo de vários anos, e os principais marcos de sua contribuição são duas obras clássicas: *Formação do Brasil contemporâneo* e *História econômica do Brasil. Evolução política do Brasil* pode ser agregada às duas, porque apanha o Estado nacional como conexão do sistema capitalista mundial, e *A revolução brasileira*, por sua natureza, as desdobra e amplia. Ao formular a especificidade da situação latino-americana e, em particular, do Brasil no plano da revolução internacional, a análise do substrato econômico ganha, naturalmente, uma saliência marcante. A esse conjunto é preciso acrescentar os ensaios sobre a estrutura fundiária, pioneiros em sua documentação e perspectivas. Como marxista, não realizava as tarefas do economista. Estabelecia uma síntese, que na esfera acadêmica seria entendida como uma fusão entre história, economia, geografia e sociologia. Ao mesmo tempo, nessa qualidade, tinha em mente que a história culmina na explicação do presente e que existe uma relação recíproca entre teoria e prática, conhecimento e transformação da realidade.

Este livro foi escrito, originalmente, para ser apresentado como tese de livre-docência da Faculdade de Filosofia, Ciências e Letras da Universidade de São Paulo (USP). O título e o subtítulo são de igual modo reveladores: *História e desenvolvimento: a contribuição da historiografia para a teoria e prática do desenvolvimento brasileiro*. Esta obra, de fato, é uma retomada das anteriores. Resume os resultados das investigações e as descobertas mais significativas que foram feitas em mais de três décadas de trabalho exaustivo e criador e contém respostas às doutrinas procedentes do centro imperial, que aqui tiveram certa repercussão, graças a um livro de Walt Whitman Rostow, e à crescente valorização da teoria neoclássica de lorde John Maynard Keynes como instrumental de políticas econômicas anticíclicas, que germinaram nos países centrais e, por sua influência, na periferia. É uma pena que Caio não tenha aproveitado os estudos de Paul A. Baran e outros autores marxistas na compreensão crítica do desenvolvimento e na elaboração de uma economia política do desenvolvimento. Contudo, a sua reação era construtiva. Induziu-o a combater os usos e abuso do modelo ideal, como equivalente do concreto (coisa que nunca passou pela cabeça dos cientistas sociais alemães, que utilizaram os tipos ideais na investigação histórico-sociológica), e animou-o a ver na historiografia o recurso para explicar causalmente, mas com base empírica sólida, a natureza e os limites do desenvolvimento que o colonialismo e o imperialismo forjaram para as "nações emergentes". Isso abriu este livro para uma reflexão sobre o capital mercantil, que une as primeiras e as últimas conclusões de Caio sobre o assunto. De forma clara e concisa, localiza o capital mercantil em vários contextos históricos da evolução brasileira, salienta o que havia de mais importante e decisivo em suas interpretações da sociedade colonial e extrapola a importância do capital mercantil em duas épocas mais recentes, que não comportam as ilações elaboradas, embora sugiram antinomias e problemas que exigem novas indagações e explicações. Seja como for, *História e desenvolvimento* comprova o seu porte intelectual e mostra que a ditadura constrangeu a Faculdade de Filosofia, Ciências e Letras a perder a presença direta e ativa de uma mente fecunda e de um grande historiador.

Não vejo sentido em estender-me sobre as impressões que o livro provocou em mim. Qual seria o sentido de um prefácio à obra de um autor consagrado e influente, que cruzou com a vida intelectual e política de milhares de leitores, muitos estudantes, professores e especialistas? Trata-se de uma autoexposição, sem retoques e floreios, como era do estilo de Caio Prado Júnior, um homem corajoso, íntegro e direto. Ele não se impôs uma revisão crítica. Por quê? Porque estava convicto da veracidade de suas descobertas e do seu retrato da evolução histórica do Brasil e de outras sociedades periféricas e marginais (para empregar os seus conceitos), as quais não repetiram nem poderiam repetir o desenvolvimento econômico autossustentado da Europa industrial e dos Estados Unidos. Escapou às ilusões dos que representaram o nosso país como se ele pudesse reproduzir o passado, o presente e o futuro dos centros imperiais e concentrou-se no fundamental: dizer *por que isso era historicamente impossível*. Por isso, encimei o prefácio com a referência aos enigmas do círculo vicioso. As determinações fundantes da economia escravista procediam de dinamismos do antigo regime colonial e do *indirect rule*, que se instaura depois da vinda da família real, da elevação do Brasil a sede do reinado e da proclamação da Independência. Essas determinações se objetivavam de modo concreto na natureza e nas funções do capital mercantil na economia escravista, primeiro colonial, em seguida imperial. Desafortunadamente, Caio não questiona a fundo as formas de expropriação do senhor, praticadas por meio do mercantilismo e, um pouco modificadas, sob o neocolonialismo, tendo à frente a Inglaterra. Entretanto, ele demonstra como o capital mercantil irá constituir um horizonte econômico no qual o agente privilegiado, no plano nacional, ficará preso ao ardil de um enriquecimento que envolvia duas servidões: uma ao escravo, outra à metrópole de fato. O livro não lhe deixou espaço para expandir-se em outras direções, como a importância da escravidão sobre a elevação e o desdobramento da acumulação de capital depois da Independência. No entanto, detém-se várias vezes e de diversos ângulos sobre os "homens de negócios" que se constituíram sob a égide de um capital mercantil colonial, neocolonial e, mais tarde, sob a situação de dependência. Um homem de negócios que não contava com a imaginação inventiva e a ousadia empresarial dos seus pares ou equivalentes europeus e norte-americanos, e que, por conseguinte, gravita, até hoje, nos calcanhares do centro imperial, sacrificando a uma segurança econômica imaginária a mentalidade capitalista ou o "espírito burguês" autênticos. Esses atributos psicodinâmicos podiam surgir ocasionalmente (em um Mauá, por exemplo), mas como exceção que confirma a regra.

O capital mercantil é posto, assim, no núcleo dos dinamismos que explicariam, historicamente, a castração do seu dono ou proprietário por seus parceiros mais fortes, em momentos históricos distintos. Essa descrição ressurge em vários trechos e é retocada nas sucessivas molduras históricas, que variavam mais na aparência que em sua essência. Penso que essa insistência é responsável pelo valor desta obra, mas também por seus defeitos ou suas limitações. O valor aparece nas partes que dizem respeito às evoluções que vão até o aparecimento do café e o tipo de homem de negócios em que se convertem os fazendeiros (ou outros agentes econômicos, deixados na penumbra ou negligenciados). Contudo, já a partir do esgotamento da curta fase de transição neocolonial, que no Brasil definha em mais ou menos meio século, nas regiões econômicas em expansão, modernização e diferenciação, ocorre uma metamorfose que engata o capital mercantil (acumulado no interior ou procedente de fora, sob a forma de empréstimos e de inversões bancárias) ao capital industrial. O capitalismo competitivo sofre sérias distorções e deformações, porém adquire, em poucas décadas, um vigor crescente, expandindo-se depois de modo contínuo, sob os efeitos da Primeira Guerra Mundial e da substituição de importações. Aí, fica patente que Caio se prende demais ao conceitual, à lógica dos conceitos que são essenciais em seu esquema descritivo e interpretativo. Por isso, focaliza de modo insuficiente as próprias transformações do homem de negócios, de sua mentalidade e seu comportamento econômicos, bem como as relações do capital mercantil com o capital industrial, e, após a Segunda Guerra Mundial e a ditadura militar, com o capital financeiro típico do capitalismo monopolista e da espécie de imperialismo que ele engendra em nossos dias. Há deslocamentos na economia. O capital mercantil não desaparece, mas perde sua função hegemônica e determinante. O círculo vicioso persiste, mas não por sua conta. A investigação histórica deveria ir mais longe e aprofundar-se para explicá-lo.

A argúcia do autor, apesar disso, permite-lhe fazer duas constatações que precisam ser postas em relevo. Primeiro, menciona a forma e o conteúdo de um horizonte econômico que aferra o empresário a uma iniciativa privada de bitola estreita, verdadeiramente retardatária e inibidora.

A acumulação do capital avança muito mais como fim que como meio. Esse processo provém da essência do capital mercantil. Mas caberia notar que não é exclusivo dele e mantém-se em plena atividade *depois* que ele perdeu sua função hegemônica e determinante. Portanto, o que subsiste, como dado permanente, é o elemento especulativo, a tendência a lançar os riscos da iniciativa privada e da ação empresarial para fora de suas fronteiras (ou seja, socializando as perdas e/ou privatizando os lucros e as vantagens relativas obtidos pela superexploração de trabalho, pela inflação e pela intermediação estatal). Segundo, sublinha o teor arcaico no comportamento econômico do homem de negócios e do empresário, as situações históricas diversas. Caio retém os vínculos mais ostensivos procedentes do impacto do capital mercantil. Em parte, é indiscutível que ele tem razão. No entanto, o componente decisivo é outro: consiste no nexo estabelecido com a forma histórica da dominação externa e com as alterações do cenário mundial, que obrigaram as nações capitalistas centrais e sua superpotência a praticarem uma contrarrevolução defensiva em escala mundial, que se alicerça sobre a internacionalização do modo de produção capitalista, do mercado moderno e de operações financeiras complexas. O que importa, neste caso, é que Caio botou o dedo na ferida. Ele enfatiza a permanência de um nexo colonial que muitos investigadores consideram extinto. Na verdade, a internacionalização do modo de produção capitalista requer esse componente, porque as multinacionais – com tecnologia, instituições, ideologia e sistema de poder – se implantam nos países hospedeiros e neles restabelecem a dominação direta, a partir de dentro e insensível à soberania da "nação emergente". No conjunto, a forma de dominação é ultracomplexa, diferenciada e flexível, abrangendo múltiplos nexos de controle a distância. Eles ocultam a recuperação e a reciclagem do elemento arcaico, no qual repousam a capitulação do parceiro empresarial mais fraco e a chamada "rendição silenciosa" da nação satelizada.

É óbvio que a publicação deste livro se impunha. Ele não podia permanecer inacessível aos estudiosos e ao grande público. A sua edição permite retomar, em cheio, o contato com um pensamento crítico pioneiro, vigoroso e atual. Ao mesmo tempo, oferece-nos a oportunidade de prestar homenagem ao primeiro historiador que fecundou as ciências sociais com o marxismo. Ele reaparece, com todo o brilho, como expressão legítima da Faculdade de Filosofia, Ciências e Letras e das grandes aspirações que ela suscitou de uma revolução científica, que foi abafada e transferida para diante e da qual tornou-se um mestre, sem ter sido um professor de carreira.

São Paulo, 10 de julho de 1988

HISTÓRIA E DESENVOLVIMENTO

O presente livro reproduz a tese com que pretendi, em um momento, concorrer à livre-docência de história do Brasil na Universidade de São Paulo (USP). Isso foi em 1968. Os notórios acontecimentos da época – em que se destaca, no meu caso, o decreto que me "aposentou" no título de livre-docente da Faculdade de Direito da USP – frustraram minha pretensão, e a tese foi arquivada.

Acredito, contudo, que ofereça algum interesse geral, pelo menos como abertura de perspectiva, e é essa a razão da presente publicação. O assunto de que se ocupa é de fato da maior significação, pois diz respeito à maneira de conceber a economia política como disciplina científica e à sua utilização na política de desenvolvimento do Brasil. Os economistas ortodoxos – e em particular aqueles que entre nós têm a responsabilidade da condução de nossa política econômica e que são, a esse respeito, alguns deles, dos mais extremados, tal como verdadeiros cristãos-novos – situam a sua ciência em plano semelhante ao das ciências exatas, como a física, por exemplo, isto é, plano de alta abstração em que se manipulam unicamente umas poucas variáveis de grande generalidade, rigidamente inter-relacionadas em termos monetários. Em outras palavras, o fenômeno econômico é destacado como algo que se sobrepõe a quaisquer outras contingências da vida e da evolução sociais, independe delas e se propõe, em termos absolutos, como forma universal e uniforme, no tempo e no espaço, do comportamento humano no que respeita a produção, circulação, distribuição e consumo dos bens econômicos, isto é, objetos de compra e venda.

É claro que, numa perspectiva dessas, a história, com a extrema variedade e complexidade dos fatos que formam a sua trama, é posta de lado e essencialmente desprezada. O meu objetivo central no presente trabalho foi reivindicar para ela, particularmente no caso brasileiro, o que de direito lhe cabe como fonte informativa e explicativa do processo de desenvolvimento do nosso país, chamando atenção para a especificação de nossa formação e a necessidade, em consequência, de levá-la em conta na análise do desenvolvimento brasileiro e da fixação da política econômica adequada.

Reconheço quanto é relativo, no caso, a conceituação daquela "necessidade", visto que ela será diferente conforme a perspectiva em que se a considera. Se todo o conhecimento em geral, incluída aí a ciência, que constitui a parte propriamente sistematizada daquele conhecimento, visa sempre, em última e mais ou menos próxima instância, ao homem e sua prática, as ciências humanas e em especial a elaboração da economia política se subordinam imediatamente às exigências daquela prática. E tal prática e suas finalidades são em regra distintas conforme os interesses em jogo e que uma política econômica tem por finalidade promover. Quando se trata, como é o caso na situação brasileira da atualidade, de promover os objetivos da iniciativa privada, que são o negócio e as perspectivas de lucro comercial que constituem a razão de ser dele, mais não é necessário que a consideração das circunstâncias que influem e atuam diretamente sobre os mecanismos do sistema econômico que é o nosso, a saber, o capitalismo, a fim de lhes assegurar um máximo de funcionamento adequado a serviço dos interesses institucionalizados no mesmo sistema.

Assim, não estão propriamente enganados os nossos economistas aos quais incumbe a condução da política econômica quando se apegam unicamente aos modelos abstratos em que se define e descreve a dinâmica do sistema capitalista em sua mais pura e perfeita forma. É quanto lhes é solicitado. Aquilo, contudo, em que esses economistas se enganam é quando esperam que o Brasil, com tal política, encontre-se prestes a reproduzir um episódio semelhante àquele que caracterizou, nos últimos 150 a 200 anos, o desenvolvimento das grandes potências capitalistas do mundo de hoje. Isto é, que o Brasil estaria em plena arrancada "rostoviana"*.

Os tempos, contudo, são outros, e faltam para nós (precisamente em consequência das circunstâncias derivadas de nossa formação e evolução históricas) condições propícias para um desenvolvimento capitalista de perspectivas apreciáveis. Não será aqui, numa simples introdução, lugar próprio para tratar mais extensamente do assunto, de que já me ocupei em outras oportunidades, que se acha, aliás, implícito na tese que ora submeto ao leitor e ao qual espero voltar a tratar com mais vagar se a tanto "me ajudarem o engenho e arte" e soprarem ventos mais favoráveis para tais empreendimentos. Limito-me, por isso, em complementação ao que vai no texto de minha tese, que já data de quatro anos, à indicação de algumas das circunstâncias que bem comprovam as acanhadas perspectivas da atual política econômica brasileira com seu "modelo" de desenvolvimento capitalista, em que pese a otimista opinião contrária.

Assinalemos, de início, a incoerência de todos quantos contam para o nosso desenvolvimento com a cooperação desinteressada das grandes potências capitalistas; e se acham mesmo no direito de exigi-la. Esquecem que a característica essencial do sistema em que enquadram seu projeto é ele ser essencialmente competitivo na base de vantagens comerciais, não cooperador. É na competição e na busca do maior proveito que se manifestam e apuram os seus legítimos valores e os fatores que o animam e impulsionam. Assim é na teoria, e mais claramente ainda na prática, como, aliás, já tivemos tantas vezes ocasião de experimentar na própria carne. E ainda teremos mais pela frente, num futuro que parece próximo e no qual a ameaçadora crise monetária que começa a abalar o mundo tende a eliminar quaisquer veleidades e impulsos menos ortodoxos e inspirados em motivos menos imediatistas.

Contando unicamente com nossas forças e com motivações e estímulos da natureza intrínseca do capitalismo, com que perspectivas nos acena a atual política econômica? Como se apresenta, como se comporta

---
* Relativo ao economista estadunidense Walt Whitman Rostow. (N. E.)

e para onde aponta o "modelo" (para usar da expressão tão do agrado dos nossos economistas oficiais) que se escolheu como baliza do nosso desenvolvimento? Certamente muito mal, a meu ver, quando observado em profundidade e para além do imediato, porque de fato a economia brasileira se vem mantendo e estimulando graças, sobretudo, a um maciço e por enquanto ainda crescente afluxo exterior de recursos sob forma de empréstimos e inversões. É somente assim – a par da forte inflação que contribui com a sua artificiosa e tóxica excitação dos negócios – que logramos fazer face aos pesados encargos relativos a pagamentos externos de juros e amortizações de débitos que se acumulam e de rendimentos de capitais estrangeiros aqui aplicados, que são o que nos custam a aparente normalidade de nossa economia e os ilusórios progressos que nela se verificam. Numa palavra, estamos pagando compromissos anteriores com novos e maiores compromissos futuros. E esse processo de progressivo e cada vez mais oneroso endividamento vem num crescendo precipitado. Em 1970, apontado como ano de grandes sucessos, e o último para o qual dispomos de dados pormenorizados, só o atendimento dos capitais estrangeiros aplicados no país, e com exclusão de outros serviços (fretes, seguros, viagens etc.), importou em mais de 1 bilhão de dólares, o que representou mais de 40% do valor total de nossas exportações no mesmo ano, exportações essas que representam a única fonte significativa de divisas propriamente nossas com que podemos contar. E, para fazer frente a tão vultosos pagamentos, não dispusemos senão de 200 e poucos milhões de dólares, que foram o saldo de nossa balança comercial. Em 1971, a situação ainda terá sido mais alarmante, pois, em vez de saldo, tivemos um déficit de 325 milhões.

Essas diferenças foram cobertas, como não podia deixar de ser, com novos compromissos e saques sobre o futuro. E um tal procedimento se vem repetindo, ano após ano, em proporções cada vez maiores e alargando, assim, desmesuradamente o nosso endividamento. Esse nosso débito, em obrigações a prazo fixo (boa parte dele, note-se, de prazos curtos) que em dezembro de 1969 era de 4,4 bilhões [de cruzeiros novos], atingia seis meses depois, em junho do ano passado, 5,7 bilhões, um aumento de quase 30%. Não há dados mais recentes, mas, pela progressão verificada anteriormente e levando em conta as demais circunstâncias já lembradas, pode-se avaliar a quantas andamos e para onde tendemos. E note-se que não estão aí computados estes outros compromissos representados por inversões estrangeiras em atividades econômicas e que constituem outros tantos drenos apostos às nossas já tão carregadas finanças. E é isso, tais inversões estrangeiras, o mais grave, no longo prazo e com vistas à estruturação de base da economia brasileira, das providências a que somos obrigados a lançar mão a fim de obtermos as divisas de que necessitamos para enfrentarmos o crônico e crescente desequilíbrio de nossas contas externas. A saber, o apelo cada vez mais insistente àquelas inversões estrangeiras e o estímulo delas por meio de vantagens e favores. O que implica transferir para mãos estranhas e subordinar a seus interesses as melhores oportunidades de negócios e atividades econômicas do país. Isso se faz a pretexto e com a justificativa teórica de que o capital é em nossa economia o "fator escasso" e de que precisamos, por isso, do aporte estrangeiro para o nosso desenvolvimento – argumento característico este do tipo simplista de análise econômica em nível abstrato e irrealista que constitui precisamente o objeto central da crítica contida em minha tese. Como se fosse possível alcançar um desenvolvimento em bases verdadeiramente nacionais, isto é, consentâneas com os interesses gerais e permanentes da grande massa da população brasileira, com a alienação de nossas melhores e principais fontes de riqueza! O que se consegue com isso é avançar ainda mais o processo que torna a economia brasileira nada mais que simples apêndice da finança internacional. É evidentemente um preço muito caro para conseguir o equilíbrio de nossas contas externas e a precária euforia que se apodera de alguns restritos setores do país.

É esse, em síntese, o panorama de nossa economia. Por enquanto, disfarça-se a gravidade da situação graças precisamente àquele afluxo de recursos da finança internacional, a qual vem efetuando por essa forma e à nossa custa um grande e altamente lucrativo negócio, semelhante àquele que nas transações privadas realizam os usurários com seus devedores. Isto é, envolvendo-os progressivamente em débitos sempre maiores, dos quais eles não se conseguem mais livrar; e obrigando-os, assim, a concessões cada vez maiores e subordinação mais completa aos interesses e ditames dos credores. É isto que ocorre presentemente no Brasil: a espera do pior que será o desenlace a que fatalmente conduz, mais dia, menos dia, esse processo de endividamento e dependência financeira e econômica crescentes sem perspectivas razoáveis de solução. A precariedade e a insegurança da situação presente se patenteiam no fato de que qualquer redução ou mesmo simples estabilização do afluxo de recursos estrangeiros, seja por força de perturbações financeiras internacionais (o que a atual conjuntura de crise monetária torna uma ameaça bem presente), seja que se apresentem outras áreas que não o Brasil mais interessantes para os negócios, seja simplesmente porque os nossos credores entendam chegado o momento de se retraírem porque os riscos que enfrentam se tenham tornado, a seu ver, maiores que as perspectivas de lucros, em qualquer dessas hipóteses ou outras da mesma natureza, sempre imanentes nas contingências da conjuntura capitalista, e a economia brasileira enfrentará imediatamente dificuldades sérias e graves perturbações de sua normalidade.

E não nos iludamos com a significação, às vezes tão valorizada, da relativa facilidade com que o Brasil vem sendo atendido, segundo se afirma, por organismos internacionais e outras fontes financeiras nas suas solicitações de créditos. Concorrem para isso (e qualquer um familiarizado com a vida de negócios o compreende facilmente), a par de circunstâncias de ordem política ou relacionadas com a tática já referida e normal no tratamento de devedores que se necessita conservar em condições de serem proveitosamente utilizados, o empenho e a pressão junto àqueles organismos, da parte dos interessados em negócios no Brasil, e necessitados dos recursos em divisas que os empréstimos fornecem ao país para lograrem a liquidação em moeda internacional dos proventos a que com seus negócios fazem jus. Circunstâncias essas todo ocasionais, como logo se vê, e sujeitas sempre a bruscas mutações, em especial quando sobrevêm os maus momentos.

Mas, seja como for, o certo é que as premissas do desenvolvimento brasileiro assentam em bases muito precárias. É a situação que levou e leva cada vez mais à política e ao modelo adotados na condução da nossa economia. Não se percebe aí nada que se assemelhe ao progresso autoestimulado e seguramente sustentado que caracterizou no passado o desenvolvimento capitalista cujo exemplo os nossos economistas ortodoxos invocam e pretendem ver reproduzido em nosso caso.

A perspectiva que se apresenta, e de fato apresentam aqueles economistas cada vez mais insistentemente, e mesmo desesperadamente, como solução do grave e crescente desequilíbrio latente de nossas contas externas, seria o substancial crescimento das exportações. Nada há, contudo, numa apreciação judiciosa e isenta de arroubos da imaginação, que justifique excessivas esperanças nesse terreno. A conjuntura que se oferece no comércio internacional e as possibilidades brasileiras em matéria de produção de artigos exportáveis não são muito satisfatórias. Já vão longe os tempos em que contávamos com produtos de larga aceitação nos maiores e melhores mercados internacionais, e nos apresentávamos neles como produtores quase monopolistas de mercadorias de alto valor comercial. Foi em particular o que se deu, no correr de quase um século, com o café, em que figuramos, praticamente sem concorrentes significativos, como fornecedores de um produto que ocupou o primeiro lugar no comércio de gêneros primários até os anos 1920, sendo somente superado então pelo petróleo, mas conservando ainda hoje o segundo lugar. Foi essa nossa posição privilegiada no passado que assegurou ao Brasil o nível econômico que hoje desfruta. Não fosse o café, e o país ainda ofereceria, em seu conjunto, as feições que são as de algumas de suas mais retardatárias regiões de hoje.

É interessante fazer o confronto dos índices de nosso comércio exterior no passado com os do presente, e por aí ter uma ideia do que representa um nível efetivamente elevado de exportações, e da insignificância relativa dos níveis atuais. A nossa exportação-ouro média anual *per capita* foi, por decênios, de um século para cá, a seguinte (cálculo em libras esterlinas-ouro):

1871-1880 16	1921-1930 25,9
1881-1890 16,6	1931-1940 9,1
1891-1900 21	1941-1950 2,7
1901-1910 23,4	1951-1960 2,9
1911-1920 26,8	1961-1970 2,3

O declínio vem sendo, como se vê, considerável e continuado. Depois de 1967, tivemos um ligeiro acréscimo das exportações graças aos fortes incentivos oficiais que as vêm beneficiando e atingimos, em 1970 (considerado um grande sucesso, e certamente o foi), o índice 3,2, que se terá mantido, sem modificação significativa alguma, em 1971. Segundo os dados preliminares já publicados relativos a esse ano, a exportação cresceu 4% apenas, de que se há de descontar, para obtermos o nosso índice, o crescimento da população, que terá sido de 2% a 2,5%. Estamos, assim, muito longe de nossos índices do passado.

É de notar que o forte decréscimo relativo de nossas exportações não se deve a circunstâncias conjunturais, e sim estruturais, que dizem respeito tanto a condições particulares do Brasil como de ordem internacional. O que, aliás, o próprio ritmo e a continuidade do decréscimo já indicam claramente e se confirma com a observação e a análise da situação atual. Realmente, o que nos oferecem as perspectivas futuras? Com que produtos contamos para um progresso apreciável das exportações, e na proporção de nossas necessidades, ou antes, da política econômica que propõem os nossos economistas oficiais e que de fato vimos seguindo? Fala-se muito ultimamente, falam pelo menos alguns economistas atentos à questão, em manufaturas. E apontam para os 600 e tantos milhões de dólares (655,3 milhões precisamente, segundo dados do Boletim do Banco Central do Brasil) de manufaturas que teriam sido exportadas em 1970. Dá-se com isso até a impressão, e é o que aparentemente se pretende, de que o Brasil se vai transformando em potência industrial na conquista dos mercados internacionais.

Trata-se, infelizmente, de uma ilusão semântica. A maior e melhor parte dos itens classificados em nossas estatísticas de exportação como "manufaturas" não o é efetivamente na acepção corrente e que interessa o nosso caso. Figuram aí 77,3 milhões de açúcar de cana, a par de 67,9 milhões de farelos, 28,9 milhões de manteiga de cacau e mais outros produtos primários com um grau mínimo de elaboração que não merecem, por isso, o qualificativo próprio de "manufaturas" para fins que não sejam de simples nomenclatura mercadológica. Em todo caso, não é, evidentemente, com produtos dessa ordem, de expressão comercial reduzida, ou como o açúcar, já há muito em larga superprodução mundial, e sujeito a cotas de exportação fixadas por convênios internacionais[1], não é evidentemente com isso que podemos contar para uma significativa expansão de nossas exportações. De manufaturas mesmo – produtos propriamente industriais, como sejam máquinas, equipamentos e acessórios, produtos de metalurgia e fundição, produtos têxteis etc. – exportamos exatamente 233,6 milhões, ou seja, pouco mais de um terço do que formalmente acusam as estatísticas oficiais. Aliás, em 1971, os primeiros dados conhecidos assinalam um forte declínio, relativamente ao ano anterior, de nossas exportações de manufaturas.

Estamos, assim, como se vê, muito longe de valores efetivamente significativos em face do vulto do desequilíbrio latente de nossas finanças externas. E nada indica que possamos sensivelmente elevar esses valores, dadas as condições do mercado internacional que se disputa palmo a palmo pela feroz concorrência das grandes potências industriais. O que nestes últimos meses se torna ainda mais patente por meio das drásticas atitudes assumidas e medidas adotadas pelos Estados Unidos, tanto financeiras (desvalorização do dólar, limitação dos preços, imposição de pesadas sobretaxas alfandegárias etc.) como políticas (aproximação com a China). Atitudes e posições essas ditadas sobretudo pelas contingências daquela luta comercial. Por mais otimistas que sejamos, não é possível, dentro do razoável, prever para o Brasil, com sua frágil infraestrutura industrial, dominada e controlada, aliás, em sua maior e melhor parte por interesses estrangeiros, uma participação ponderável em tal terreno.

---

[1] No momento em que escrevo estas linhas (março de 1972), apresenta-se ao açúcar uma conjuntura altamente favorável, em consequência de sucessivas insuficiências das safras de cana cubana, que coincidiram com falhas na produção soviética de açúcar de beterraba, o que determinou uma falta momentânea de açúcar nos mercados internacionais, situação essa de que o Brasil se vem beneficiando com o crescimento de suas exportações. Não se trata, contudo, como logo se vê, de uma situação normal. O potencial produtivo mundial de açúcar ultrapassa, já de longa data, o consumo, o que no futuro tende mesmo a se acentuar, pois os Estados Unidos, o maior consumidor e importador, desde que se viram privados do açúcar cubano, vêm promovendo intensivamente sua produção própria de beterraba.

Há quem enxergue perspectivas animadoras na eventualidade do estabelecimento no Brasil de indústrias complementares de empresas internacionais, que contribuiriam para a produção dessas empresas com a fabricação de parte de seus produtos que demandam relativamente mais mão de obra e que, portanto, se realizariam aqui a custos inferiores graças à mão de obra mais barata de que dispomos. Seria, em suma, uma forma de divisão de trabalho em que caberia às filiais daquelas empresas estabelecidas no Brasil o papel de fornecedores de mão de obra barata. Isso parece estar na mira de alguns de nossos economistas oficiais, como se pode depreender de certas declarações suas, embora não muito explícitas.

Não se trata de novidade, e encontramos esse tipo de divisão de trabalho industrial praticado, entre outros casos, por empresas norte-americanas no México, onde já se constituiu uma ponderável "indústria fronteiriça", como é chamada – pois se encontra estabelecida ao longo da fronteira dos dois países a fim de se aproximar o mais possível de suas matrizes –, e que se incumbe daquelas partes do processo industrial de grandes empresas norte-americanas que requerem muita mão de obra. Mesmo entre nós já há desses casos, embora excepcionais. Nem podemos contar com grandes perspectivas nesse terreno, dada a nossa excêntrica posição geográfica desfavorecida pelo afastamento em que nos encontramos dos grandes centros industriais do mundo moderno. O que de certa forma até nos beneficia, pois nos livra do risco muito pouco recomendável, e no fim das contas negativo, de representar internacionalmente o papel de simples exportadores de mão de obra barata, que é afinal no que vai dar aquele sistema; e impede que o processo de industrialização brasileira se faça ainda mais dependente e desnacionalizador que na atualidade.

Mas, seja como for, as nossas oportunidades como exportadores de manufaturas não são brilhantes e, de qualquer modo, são inteiramente insuficientes para contribuir ponderavelmente na solução do problema de desequilíbrio de nossas contas externas. Nesse terreno continuamos, como sempre foi, relegados aos gêneros primários. E assim, embora numa forma mais complexa, o sistema colonial brasileiro continua em essência o mesmo do passado, isto é, uma organização fundada na produção de gêneros primários demandados nos mercados internacionais. É com essa produção e exportação consequente que fundamentalmente se mantém a vida do país, pois é com a receita daí proveniente que contamos para pagar as importações essenciais à nossa subsistência, inclusive alguns dos principais insumos de nossa indústria, como a maior parte dos equipamentos, e boa parte dos materiais intermediários e semiacabados etc., bem como se paga o oneroso serviço, e cada vez mais assim, dos bem remunerados capitais estrangeiros aqui aplicados e operando nos setores fundamentais de nossa economia, serviço esse que é o grande responsável pelo crescente desequilíbrio de nossas finanças. Uma tal situação é evidentemente muito pouco favorável como premissa e base de um desenvolvimento efetivamente capaz de arrancar o país e a grande massa de sua população dos ínfimos padrões que são os seus.

É a isso que nos conduziu e conduz cada vez mais o tipo de desenvolvimento escolhido e com que se pretende elevar a economia brasileira aos níveis de grande potência. Não me parece justificável. Com o que aí está poderemos apresentar-nos como um bom campo para os negócios marginais e periféricos do capitalismo internacional, bem como de reduzidos setores indígenas. Muito mais que isso não é de esperar. E acredito que os fatos se encarregaram logo de comprová-lo definitivamente, convencendo a todos aqueles que sinceramente aspiram pelo real progresso, e solidamente alicerçado, do Brasil e de seu povo.

Não posso ir aqui além destas simples observações, destinadas antes a marginar, e aferir com fatos e opiniões mais recentes, alguns dos pontos essenciais da tese que constitui o presente livro. Como já afirmei, o assunto é amplo e da maior importância para nossos interesses nacionais. Oportunamente procurarei voltar a ele com mais vagar. Mas espero que mereça também a atenção de outros economistas e historiadores. Não foi outro meu objetivo, com a presente publicação, que contribuir para despertar essa atenção.

Caio Prado Júnior
março de 1972

I

Nosso objetivo, neste livro, é pesquisar, na evolução histórica brasileira e na formação econômica e social do país, algumas das premissas essenciais da problemática atual. A historiografia não constitui simples exercício acadêmico, e sim disciplina científica. Como tal, destina-se a integrar o conhecimento que o homem necessita ter do meio físico, do meio social e de si próprio, a fim de se conduzir em sua ação e de se comportar convenientemente. A problemática brasileira de nosso tempo se centraliza essencialmente em torno do "desenvolvimento", condição precípua para assegurar ao país e à generalidade de seu povo o conforto e o bem-estar material e moral que a civilização e a cultura modernas são capazes de proporcionar. Isso se encontra na consciência de toda a geração de nosso tempo, e não é sem incontestável justificação que as atenções e as preocupações mais generalizadas nos dias de hoje se concentram nesta questão do desenvolvimento. Ora, o desenvolvimento, que sem dúvida se há de alicerçar no crescimento econômico – pois é somente por meio dele que o país, dado o retardo em que se encontra, poderá alcançar o nível e os padrões da civilização moderna –, e o crescimento econômico constituem tema essencialmente histórico e, ao contrário do tratamento que lhes vem sendo dado pelos economistas (logo veremos este assunto mais de perto), não podem ser incluídos em modelos analíticos de alto nível de abstração: devem ser tratados na base da especificidade própria e das peculiaridades de cada país ou povo a ser considerado. Este é pelo menos o ponto de partida necessário da investigação da questão do desenvolvimento, sobretudo quando se trata em particular do "subdesenvolvimento" – como se dá no caso brasileiro – que constitui o característico dos países que não apresentam nas suas instituições as formas amadurecidas do capitalismo, ou não oferecem nas suas origens as formas clássicas das quais evolveu esse capitalismo. Formas todas estas que são precisamente as que ditaram os padrões segundo os quais se conduz a análise econômica que se pretende agora substituir à análise historiográfica própria e específica do país subdesenvolvido que se considera.

No caso brasileiro, e em favor da preferência pela abordagem historiográfica da questão do desenvolvimento, há que acrescentar o pequeno recuo no tempo de nossa história e a intensidade com que por isso um passado ainda tão recente pesa na situação atual cuja análise e interpretação não podem, assim, prescindir de suas premissas históricas. A história, isto é, a consideração do passado e a inclusão dos dados que nos fornece na análise da problemática atual é, desse modo, essencial. É particularmente notável o papel reservado à historiografia na conceituação da realidade brasileira de nossos dias. Temos isso em comum, em tão alto grau, possivelmente só com os demais países do continente latino-americano. De modo geral, a historiografia constitui dado essencial para a elaboração do conhecimento relativo ao homem, na acepção exata e precisa que o conhecimento deve ter. A saber: sistematização da experiência coletiva do homem e elaboração teórica dela com vistas à orientação e à condução da ação humana. Conhecimento ou ciência (entre ciência e conhecimento não vai outra distinção que o nível respectivo de elaboração teórica e sistematização) não é senão aquilo. E, em tal conceituação, a historiografia se enquadra como expressão ou manifestação da experiência humana a ser teoricamente elaborada a fim de servir como fonte de dados para as ciências humanas em geral, premissa do conhecimento prático destinado à condução da ação do homem. A história e sua expressão teórico-conceptual, que é a historiografia, constituem a principal ou pelo menos básica informação relativa ao comportamento coletivo do homem. Se isso é verdade no que se refere à história em geral, é assim particularmente e especialmente no caso de coletividades como a brasileira, em que uma experiência tão recente e de tão curta duração não se decantou ainda em formas novas que possam ser direta e imediatamente apreendidas, compreendidas e interpretadas sem ser na perspectiva de suas origens e raízes no passado. Numa palavra, o Brasil de hoje, apesar de tudo de novo e propriamente contemporâneo que apresenta – inclusive estas suas formas institucionais modernas, mas ainda tão rudimentares quando vistas em profundidade –, ainda se acha intimamente entrelaçado com o seu passado. E não pode, por isso, ser entendido senão na perspectiva e à luz desse passado. Daí o grande papel e função do historiador brasileiro, que, muito mais ainda que seus colegas de outros lugares onde já se romperam mais radicalmente os laços com o passado – na medida bem entendido em que este rompimento é possível –, lida com dados essenciais e imprescindíveis para o conhecimento e a interpretação do presente. Historiografia de um lado; do outro, economia, sociologia e ciência social em geral: podemos dizer que quase se confundem ou se devem confundir no Brasil. Apenas se distinguem nos métodos de pesquisa e na elaboração científica – e mesmo assim com muitas restrições. Os dados, o material pesquisado, são da mesma natureza, o que faz com que o historiador brasileiro não deva nunca perder de vista que é também para o conhecimento do presente que ele imediata e diretamente trabalha. E que lhe cumpre, portanto, acentuar mais a sua atenção para aquelas circunstâncias históricas que, passadas embora, se projetam mais vivamente, em seu desdobramento e processamento futuro, nas circunstâncias de nossos dias. Seus esforços serão assim mais fecundos e de maior interesse.

    Essas considerações dizem respeito, em especial, à problemática proposta pelo desenvolvimento e pelo crescimento econômicos que se apresentam hoje com tanta acuidade e premência. É na história, nos fatos concretos da formação e da evolução de nossa nacionalidade, que se encontra o material básico e essencial necessário para a compreensão da realidade brasileira atual e sua interpretação com vistas à elaboração de uma política destinada a promover e estimular o desenvolvimento. E não nas puras abstrações da análise econômica em que aqueles fatos aparecem fatalmente distorcidos e desconfigurados, uma vez que tais abstrações, mesmo quando são até certo ponto justificáveis em outras situações para as quais e na base das quais foram elaboradas, não se ajustando a situações tão distintas como as nossas. Mais ainda que em países e povos que já atingiram um elevado nível de desenvolvimento e que, por assim dizer e de certa forma, já romperam suas amarras com aquele passado (pelo menos para os fins da análise econômica), é sobretudo em nosso passado que se há de buscar a informação necessária para a proposição adequada e a solução acertada dos problemas atuais. O tema do desenvolvimento penetra, assim, em cheio na historiografia, e esta lhe ocupa mesmo a maior e principal parte.

Entretanto, foram os economistas que nele se anteciparam. Isso porque, em consequência de circunstâncias especiais da prática político-social e econômica, foi a eles que o assunto se propôs em primeiro lugar. Como se sabe, a teoria do desenvolvimento constitui um desdobramento da teoria econômica a partir da análise e da explicação dos ciclos econômicos cujo impacto na vida das sociedades modernas tem a importância e a significação que se conhecem. Essa análise do ciclo levou à consideração paralela e estruturalmente ligada das tendências seculares da economia capitalista. E, bem recentemente, no decênio posterior à Segunda Guerra Mundial, toda esta matéria da dinâmica econômica do capitalismo confluiu e se concentrou particularmente na problemática, de tão sombrias cores políticas e sociais, apresentada pelo considerável e crescente desnível econômico entre, de um lado, um insignificante grupo de grandes e poderosas potências capitalistas líderes do progresso moderno e em acelerado enriquecimento e, de outro, a restante e grande maioria da humanidade cujo insuficiente ritmo de crescimento econômico a distanciava cada vez mais daqueles elevados índices e padrões. A teoria ortodoxa do desenvolvimento teve aí seu principal estímulo e fonte inspiradora.

Nascida de tais circunstâncias, a teoria do desenvolvimento se faz em capítulo da economia, e a historiografia se relega no assunto a um subsidiário e apagado plano. Veremos em seguida as graves consequências que uma tal perspectiva determina no referente à elaboração científica da matéria, particularmente no que respeita à posição dos países e dos povos subdesenvolvidos que ocupam hoje o primeiro plano da teoria. E completaremos esse assunto no capítulo final, no qual se verá a impossibilidade de adequadamente compreender a problemática do desenvolvimento brasileiro com uma tal maneira unilateral de se tratar da matéria. Isto é, com a exclusão da história propriamente, bem como do conjunto de fatores e circunstâncias específicas que entram na formação e na caracterização de cada país em particular.

A análise econômica, como decorrência de sua própria natureza e seu estilo de trabalho e privada de uma suficiente perspectiva histórica, irá ocupar-se do assunto com seus métodos específicos e exclusivos e, por isso, altamente insuficientes para a abordagem e a consideração dele em seu conjunto e totalidade. A saber, o tratamento será na base ou a partir dos chamados "modelos teóricos", isto é, a representação teórica do fato ou fatos considerados (no caso o "crescimento econômico") num sistema inter-relacionado de parâmetros quantificados (ou pelo menos quantificáveis) escolhidos *a priori* (isto é, dados de início e antes de qualquer outra indagação e na base unicamente, em derradeira análise, do postulado fundamental do "mínimo esforço pelo máximo proveito"), parâmetros aqueles eventualmente até mesmo expressos matematicamente em equações ou figuras geométricas. Não precisamos nem podemos naturalmente entrar aqui nos pormenores do assunto. Mas no essencial, e para o que nos interessa aqui em particular, o procedimento consiste, simplificada e esquematicamente, em figurar o desenvolvimento, conceituado em termos de "crescimento econômico", num conjunto de variáveis inter-relacionadas que o analista fará variar (isto é, figurará num processo de variação) de acordo com os objetivos que tem em vista a fim de determinar o comportamento do sistema em conjunto por efeito de tais variações; e determinar em especial as modificações consequentes das variáveis que particularmente e em cada caso o interessam. Tais variáveis situadas, como não podia deixar de ser, em nível de alta abstração consistem essencialmente em índices de fluxos monetários (renda, nível de preços, inversões, pagamento de salários etc.).

Como se observa (sem os óculos deformadores do "economismo"), os fatos concretos, isto é, a história na sua real e verdadeira especificidade, não cabem numa análise destas senão subsidiariamente e como simples ilustração, ou, antes, como elementos a serem "encaixados" no modelo proposto. Esta expressão "encaixar" é de Rostow, o tão prestigioso economista do campo da ortodoxia que mais longe levou e mais se destacou nesta tarefa de balizar a história com a análise econômica formal. E que pretendeu expressamente, com as suas conhecidas "etapas do desenvolvimento econômico", substituir ao marxismo uma nova interpretação da evolução do capitalismo[1]. Servem ainda os fatos históricos, naquela análise, para se confrontar com eles, *a posteriori*, o comportamento do modelo. Ficando, todavia, entendido que, no caso de o confronto revelar discrepância entre a realidade histórica e o modelo, não é este último e seu sistema que se incriminarão, e sim eventuais obstáculos, que se tratará de descobrir e que teriam perturbado o "normal" comportamento, logicamente previsto, do mesmo modelo.

Por aí se verifica que os modelos teóricos da análise econômica não constituem, como à primeira vista poderia parecer, e seria perfeitamente lícito, possíveis hipóteses de trabalho a serem testadas no confronto com a observação dos fatos e convenientemente modificadas para neles se ajustarem. Os modelos não são isso, pois constituem dado preliminar e posto *a priori*, e como tal definitivo, que não se trata de modificar e *a posteriori* confirmar, rejeitar ou remodelar se a rejeição é unicamente parcial. Os modelos são tão somente instrumentos teóricos já em definitivo preparados para o fim de orientarem, e isto apenas, a análise econômica.

Efetivamente os modelos empregados na análise econômica ortodoxa não são senão expressão matemática – algébrica ou geométrico-figurativa, ou prestando-se em princípio a isso – e por isso somente possíveis em nível de alta abstração, do dinamismo próprio do sistema capitalista que é o assunto específico da economia ortodoxa. Em outras palavras, os modelos são expressão do processo ou dos processos segundo os quais se desenrola o funcionamento do sistema. E do sistema, note-se bem, na sua mais pura e essencial expressão, o que compreende

---

[1] Walt Whitman Rostow, *The Process of Economic Growth* (2. ed., Oxford, Oxford University Press, 1960).

unicamente os fatos econômicos tais como se desenrolam ou se desenrolaram nas sociedades que atingiram alto grau de maturidade das relações capitalistas de produção e de tudo quanto isso acompanha. E fatos esses, lembremo-lo novamente, conceituados em alto nível de abstração. Logo se percebe como tais modelos se prestam mal, ou não se prestam de todo, para a visualização e a análise de fatos que não são aqueles precisamente em cuja base eles foram construídos, ou seja, os fatos característicos de um capitalismo maduro. Isso diz respeito, de maneira flagrante, está visto, a países da nossa estrutura socioeconômica, que, embora enquadrados no sistema geral do capitalismo, estão longe de apresentarem uma estrutura, um comportamento econômico e mesmo relações de produção que no seu conjunto se podem identificar ao que ocorre nas sociedades de alto amadurecimento capitalista cujo funcionamento os modelos teóricos da análise econômica procuram traduzir e exprimir, sobretudo quando se trata, como no caso que temos aqui em vista, do passado histórico daqueles países. Via de regra, é impraticável, sem as mais grosseiras e arbitrárias deformações, assimilar as relações econômicas incluídas nos modelos teóricos consagrados, com as circunstâncias e ocorrências verificadas naquele passado histórico. Isto em especial no referente ao crescimento econômico e, pois, aos fatos relacionados diretamente com o desenvolvimento, que é do que especificamente nos ocupamos aqui.

Vejamos este ponto a fim de destacar o absurdo de tal assimilação pretendida por importantes e dominantes correntes da economia ortodoxa. A teoria do desenvolvimento, como já foi lembrado, se elaborou a partir da análise do ciclo econômico. É importante retê-lo, porque essa origem da teoria se refletirá nos modelos propostos para o desenvolvimento e, em consequência, na interpretação deformadora, que em grande parte daí resultará, dos fatos históricos de países do nosso tipo. Na análise dos ciclos econômicos, destacou-se particularmente o papel representado pela flutuação das inversões. Posição esta que tinha certa justificação em face dos objetivos práticos e imediatos a que visava a teoria econômica e que vinham a ser a fundamentação teórica de uma política anticíclica. Tal orientação se firmará, sobretudo, com a *Teoria geral* de Keynes², que reduziu o assunto, já mais ou menos presente no consenso geral dos economistas ortodoxos da época, a termos precisos e de grande generalidade. É de notar que a *Teoria geral,* com a grande contribuição que trouxe para o assunto, precede de pouco a Segunda Guerra Mundial e se torna tema básico da teoria econômica precisamente quando, logo após o conflito, o interesse na teoria do desenvolvimento ganha considerável ímpeto por força do papel político que passa a representar a questão do subdesenvolvimento. A teoria do desenvolvimento e sua extensão para a análise e a interpretação do subdesenvolvimento se impregnarão, assim, da tese inversionista. As inversões e suas vicissitudes serão colocadas na posição central da matéria.

O mais sério e grave, no que respeita à interpretação do processo econômico nos países do nosso tipo, daquela orientação que levava as concepções e os modelos relativos ao ciclo para o campo da teoria do desenvolvimento, foi a tendência, nem sempre expressa talvez, mas sensível ao longo da obra da generalidade dos economistas ortodoxos que se ocuparam do assunto, de, se não assimilarem de todo, pelo menos de certa forma aproximarem, no que se refere ao rumo dado à análise econômica, o subdesenvolvimento à situação verificada na fase de recessão do ciclo econômico. Ambas as situações se prenderiam a uma insuficiência das inversões: será essa a conclusão. Donde a política econômica, e pode-se dizer até mesmo a política geral aconselhável em ambos os casos, que seria o estímulo e incremento às inversões.

Não é preciso acentuar o anacronismo de tal aproximação, e transposição de fato característico de um capitalismo em avançado estado de maturidade, para economias que se definem precisamente pelo retardo em que se encontram. Acresce a isso o fato de que, se no equacionamento da problemática das flutuações econômicas a questão das inversões se propõe com relevo incontestável, já no plano mais geral e amplo do desenvolvimento e sua interpretação, as inversões, e mesmo

---

[2] John Maynard Keynes, *The General Theory of Employment, Interest, and Money* (Nova York, Harcourt, Brace and Company, 1936) [ed. bras.: *A teoria geral do emprego, do juro e da moeda*, trad. Mário R. da Cruz, São Paulo, Nova Cultural, 1985].

a circunstância geral que as condiciona e que vem a ser o processo da acumulação capitalista, muito pouco e quase nada informam relativamente à dinâmica do desenvolvimento que se insere no conjunto e complexo, tomado na sua integridade, dos fatos históricos que configuram aquele desenvolvimento. Aí o que é preciso considerar é não somente o processo geral de acumulação capitalista, isto é, a formação do capital e seu acrescentamento progressivo de que resultam as inversões, mas principalmente e essencialmente as circunstâncias gerais da produção e da atividade econômica e em especial as relações de produção verificadas. O simples fato da inversão, como pretende a teoria ortodoxa, ou mesmo o fato mais geral e amplo da origem e da formação do capital e da sua acumulação, pouco ou nada explica acerca dos fatos originários que impulsionam o crescimento. O que deve ser considerado e que dá conta desse crescimento é o que se encontra na base e por trás das inversões (que são, em si apenas, unicamente um momento e aspecto no processo global da produção). A saber, e essencialmente, as circunstâncias gerais e os fatores originários que condicionam, promovem e impulsionam a produção; e, em primeiro e principal lugar, a conjuntura mercantil, isto é, as características da demanda, bem como as condições em que a produção se organiza e as relações de produção se estabelecem. É isso que condicionará o afluxo de capital, a formação e a acumulação dele e a resultante inversão produtiva que vem, assim, pode-se de certa forma dizer, em último lugar; e certamente como incidente apenas.

Levadas, contudo, por seu método e o tipo de modelos teóricos que o lastreiam, é até certo ponto em sentido contrário que caminham a teoria econômica ortodoxa e a análise consagrada do desenvolvimento. A saber, procurando derivar o crescimento e o desenvolvimento do fato das inversões e da intensidade delas. E é nessa base que elabora seu modelo do desenvolvimento e nele procura acomodar os fatos históricos. Coube ao economista norte-americano Walt Whitman Rostow, como se sabe, oferecer o plano essencial daquela "acomodação", que nas suas linhas gerais recebeu o beneplácito, expresso ou pelo menos implícito, da generalidade da economia ortodoxa. Não caberia aqui nem a exposição pormenorizada dele, nem a sua crítica sistematizada. Fiquemos em seus traços essenciais e mais salientes. A ideia central consiste em figurar como ponto de partida do desenvolvimento moderno aquilo que se denominaria a "sociedade tradicional", que compreenderia genericamente todas as formas econômico-sociais que precederam o capitalismo industrial. Mas não se tratará de caracterizar essa "sociedade tradicional", determinar suas relações de produção e trabalho; defini-la como momento ou fase de um processo evolutivo. E sim unicamente marcar com ela um ponto de partida cômodo onde fosse possível situar o modelo de crescimento econômico de antemão preparado. Em suma, a "sociedade tradicional" não se caracteriza por si e em si, e sim apenas em contraste com o que vem depois dela, com o desenvolvimento que ela antecede e cujo traço essencial e fundamental consistirá no progresso tecnológico e na inversão produtiva da maior parte do lucro capitalista auferido na produção e que aquele progresso determina e estimula. O que, em outras palavras, vem a ser a acumulação capitalista, que Marx chamou de "reprodução ampliada do capital". Os economistas ortodoxos não empregam naturalmente essa terminologia, embora seja muito mais clara e precisa. E exprimem o fato sob forma de uma porcentagem relativamente elevada da renda total – porcentagem esta situada entre 10% e 20% – que se reinverteria na produção. Para empregar a linguagem de Rostow, o que caracterizaria o desenvolvimento e o promove é a "acumulação de juros compostos", o que não é, afinal, em termos financeiros e comerciais, outra coisa que a inversão dos proventos do capital ou lucro capitalista. E é isto, ou antes a *ausência* de acumulação capitalista, e assim de inversões crescentes proporcionadas e estimuladas pelo progresso tecnológico, que caracterizaria, mais que outra coisa qualquer, a "sociedade tradicional". O desprendimento dela – que Rostow denomina numa expressão que se consagraria, de "arranco" – e a institucionalização, por assim dizer, do crescimento econômico e do desenvolvimento se verificariam precisamente quando o lucro capitalista passa a ser sistematicamente acumulado e reinvertido na produção, abrindo caminho, com isso, para o progresso tecnológico e consequentemente para o aumento da produtividade, com que se lastreia o desenvolvimento.

Essa maneira de caracterizar a "sociedade tradicional" é o ponto de partida do processo de desenvolvimento, isto é, essencialmente em contraste com o que vem em seguida a ela e que constitui o próprio desenvolvimento; e não pela natureza própria daquela sociedade, o que revelaria as circunstâncias e os fatores nela imanentes e que constituem as premissas do desenvolvimento, essa maneira de considerar as coisas torna esse desenvolvimento inexplicável a não ser pela intervenção de fatores estranhos e exteriores ao processo analisado e que ficam, por isso, sem explicação. É assim, aliás, que procedem os teóricos ortodoxos do desenvolvimento. Rostow, por exemplo, e com ele os demais economistas ortodoxos mais ou menos sempre pelo mesmo diapasão, refere-se vagamente ao papel das "concepções da ciência moderna" que ensejaram o progresso tecnológico; ou então à "ideia de que não só é possível o progresso econômico, mas também que ele é condição indispensável para uma outra finalidade considerada benéfica: seja ela a dignidade nacional, o lucro privado, o bem-estar geral, ou uma vida melhor para os filhos". Rostow ainda invoca o papel de "novos tipos de homens de empresa dispostos a mobilizar economias ou correr riscos visando ao lucro ou à modernização"[3]. Mas nem Rostow nem os demais que o acompanham na sua maneira de interpretar o desenvolvimento explicam ou procuram explicar, no contexto histórico que estão considerando, o porquê da ocorrência de todos esses acontecimentos geradores e estimuladores do processo cumulativo das inversões e do consequente desenvolvimento. Nem lhes bastaria invocar, como fariam e fazem num caso como o brasileiro, o exemplo e a intervenção de outros países já desenvolvidos, porque é o processo global e conjunto que se trata de considerar e explicar. E nele precisar as circunstâncias específicas, bem como o porquê delas, em que aquele exemplo e aquela intervenção se fizeram oportunos num certo momento e não em outro; porque se mostraram fecundos e encontraram receptividade no país que os aceitou e abrigou.

Todas essas questões hão de ser forçosamente respondidas com a análise da própria fase histórica que antecede o surto moderno do desenvolvimento, a fim de aí apreender as circunstâncias peculiares que ensejaram,

---

[3] Walt Whitman Rostow, *Etapas do desenvolvimento econômico: um manifesto não comunista* (3. ed., trad. Velho Octávio Alves, Rio de Janeiro, Zahar, 1966), p. 16-7.

ou em maior ou menor grau embaraçaram e puseram obstáculos àquele desenvolvimento. A teoria ortodoxa do desenvolvimento parte de uma situação estática, uma abstrata "sociedade tradicional", semelhante em toda parte (ou pelo menos assemelhada para os fins da teoria), que num momento dado começa a se transformar por força de fatores estranhos e exteriores à sua dinâmica própria, sejam o avanço científico e as conquistas tecnológicas, sejam ideias e esperanças de progresso econômico ou a intervenção de uma nova classe de indivíduos empreendedores e dinâmicos. Confluindo tudo para o desencadeamento de um processo autoimpulsionado de acumulação capitalista e inversão progressivas que condicionam o desenvolvimento. Contudo aí para a teoria, não procurando explicar o surgimento daqueles fatores que propiciariam o desenvolvimento. Nem mesmo ela se propõe a questão de ligar esse surgimento com as condições próprias e específicas da situação e com a conjuntura do momento em que aquele surgimento se verifica. Ora, é precisamente isso o que mais importa. A saber, o processo histórico global e de conjunto que liga o passado ao presente; que se forja naquele passado e que abre perspectivas para o futuro. Essa continuidade se encontra, e somente aí nos é dado descobri-la, nos fatos específicos e em sua interligação que vai dar naquele processo histórico e o configura. Processo que é sobretudo histórico e não se ajusta a modelos construídos *a priori* na base de ocorrências que caracterizaram (aliás parcialmente apenas) a institucionalização das relações capitalistas de produção nos países que foram seus pioneiros. É na especificidade própria de cada país que se há de indagar sobre o processo pelo qual ele se formou, evoluiu, cresceu e desenvolveu, ou se pode desenvolver e como, a fim de emparelhar-se aos padrões do mundo moderno.

Vamos ocupar-nos aqui, em particular, do caso brasileiro, e é na história de nosso país, portanto, que se encontrará a interpretação do atual processo em curso do desenvolvimento brasileiro, bem como da transição do país, do subdesenvolvimento em que se encontra, para uma eventual situação futura de integração efetiva nos padrões da civilização e da cultura de nossos dias. Procuraremos destacar, no conjunto dos fatos que constituem a nossa história, os traços fundamentais em que se articula aquele conjunto, e onde se marca a direção geral e a dinâmica do processo histórico brasileiro. Isso nos proporcionará a visão precisa e apreciação segura do desenrolar daquele processo e dos fatores que, em sua fase ora em curso, atuam no sentido do nosso desenvolvimento, bem como em sentido contrário, o que tornará possível, assim pensamos, orientá-lo convenientemente. Esta última parte, contudo, já constituirá política econômica, e mesmo política simplesmente, e se situa por isso além dos limites do presente trabalho. Esperamos, todavia, que para aí se abrirão algumas perspectivas, o que servirá pelo menos para mostrar o grande papel da historiografia e daqueles que a cultivam na tarefa de encaminhar a solução dos problemas brasileiros da atualidade.

II

Para o objetivo que temos aqui em vista – a saber, o estabelecimento das premissas históricas da problemática do desenvolvimento brasileiro –, trata-se primeiro de buscar a linha central da marcha de nossa história a fim de destacar o sentido fundamental que condicionou a nossa formação, evolução e maneira particular de ser. É aí que poderemos alcançar a natureza própria de nossa coletividade nacional, bem como os problemas que aquela formação histórica e a situação contemporânea em que ela desembocou propuseram em face das contingências do mundo em que hoje vivemos.

Uma tal colocação do assunto, indo buscar em passado relativamente remoto as raízes e as circunstâncias que modelaram a situação atual, é possível e necessária em consequência da relativa uniformidade que se observa na formação histórica brasileira desde seus primeiros passos. Efetivamente a história brasileira apresenta, no curso de seu desenvolvimento, desde os primórdios até os nossos dias, acentuada continuidade. Não ocorre nela nenhuma solução apreciável dessa continuidade, e o caráter e o sentido desta coletividade que constitui o Brasil tal como ele ainda se apresenta no essencial e fundamental deixaram marcas, como aliás veremos, desde os primeiros passos da colonização. Formação demográfica, distribuição geográfica da população, estrutura socioeconômica, tudo isso, com os demais elementos daí derivados e que caracterizam a nossa nacionalidade, provêm direta ou indiretamente – mas sempre de maneira muito próxima – das circunstâncias segundo as quais o Brasil em formação se inseriu dentro deste sistema que é o do mundo moderno saído da Idade Média, isto é, posterior ao século XV. Mundo esse que, com o seu epicentro na Europa, se explica e se define essencialmente pela expansão universal da cultura e da civilização daquele continente, expansão de natureza fundamentalmente econômica e estimulada pela atividade mercantil que constitui o traço característico do mundo moderno. No sistema internacional e universal assim constituído – ou que se foi constituindo depois do encerramento da Idade Média –, o Brasil figuraria como um território, em seguida uma coletividade humana em vias de integração e afinal um país e propriamente nação, de natureza marginal e periférica, destinada a servir de campo para o exercício e os objetivos daquela atividade mercantil característica, no mundo moderno, dos povos europeus ou de origem europeia. Nisso consiste o fundo, e podemos dizer a substância da formação e da evolução brasileiras. Ou, em outras palavras e para usar uma formulação filosófica, a sua "qualidade".

Essa "qualidade", contudo, não resistirá imutável. Ela essencialmente se mantém, é certo, através dos séculos, mas as contradições que nela se geram no processo de seu crescimento e desenvolvimento cada vez mais lhe comprometem a pureza originária. Até os dias de hoje, quando as contradições se multiplicam e agravam de tal maneira que é a sua própria conservação que se acha ameaçada. Propõe-se, assim, a transformação em nova "qualidade" diferente da anterior. E é neste quadro de transformação essencial e iminente que se situa a problemática do momento que ora vivemos. Trata-se, e é este aqui o nosso objetivo central, de defini-la. Compreende-se, assim, por que é necessário, para chegarmos até aí, acompanhar o processo histórico brasileiro e destacar nele tanto a direção na qual a colonização o orientou e o caráter inicial que lhe imprimiu como as circunstâncias verificadas no curso de seu desenrolar que lhe foram sucessiva e progressivamente embaraçando e comprometendo aquela primeira direção e sentido inicial, até amadurecerem no complexo de contradições já hoje irreparáveis que tornam imperativo abrir caminho em nova direção e sentido. Ter-se-á com isso, e somente assim será possível, o quadro geral da situação que hoje se apresenta, a sua significação profunda. E o que é mais, a definição das forças que concorrem, ou que eventualmente serão capazes de concorrer para levar a transformação iminente e implícita na mesma situação a seu natural desenlace na nova "qualidade" que a conjuntura presente implica e que para ela se abre em perspectivas futuras.

Temos com isso o esboço do plano e do programa a seguir no desenvolvimento do nosso assunto. Trata-se inicialmente de descrever e analisar os acontecimentos históricos mais salientes – não "em si" propriamente, mas em sua eventual projeção futura –, acontecimentos esses que deram lugar e por meio dos quais se promoveram e progrediram a ocupação e a exploração do território que iria constituir o Brasil. Nesses acontecimentos se destacaram desde logo os estímulos condicionantes que os determinaram e impeliram, pois neles se procurarão a natureza e os objetivos do comportamento humano que lhes deram origem. Comportamento balizado, como se dá em todo comportamento do homem, pelo duplo condicionamento ou polos dialéticos da ação humana que são, de um lado, os objetivos buscados (que vêm a ser a consciência dos indivíduos agentes) e, de outro lado, as contingências nas quais aquela busca se há de realizar. Isso, no caso que temos em vista, se traduz, no fundamental, respectivamente nos objetivos de "negociantes" (no sentido amplo de indivíduos que aspiram pelo lucro proporcionado por atividades mercantis), que é o que impeliu os portugueses a encetarem a colonização do território brasileiro. Por outra parte, as circunstâncias iniciais do meio natural e humano com que esses indivíduos se defrontaram no curso de suas atividades e com as quais tiveram de contar a fim de as levar a cabo. Com esses dados e análise teremos o quadro geral e fundamental em que se processou a colonização portuguesa. E não somente o quadro "estático", o que há de permanente no processo considerado, mas também o que se encontra nele de "novo" e que, no mesmo processo e por força dele próprio, lhe vai progressivamente concedendo nova feição e sentido diferente.

Será a colonização, de início, uma rudimentar empresa condicionada pelas desfavoráveis circunstâncias – em confronto com outros territórios do ultramar – com que os portugueses toparam no Brasil. A saber, uma terra parcamente habitada por ralas populações indígenas ainda na idade da pedra, que nada ou quase nada ofereciam de aproveitável para os fins visados pelos traficantes europeus. Nem mesmo uma força de trabalho adequada. Da solução dos problemas propostos em tal situação e emergência, resultaram o início da ocupação, o efetivo povoamento brasileiro e a progressiva estruturação, daí derivada, de uma sociedade institucionalizada com organização econômica, social e administrativa próprias. A simples empresa comercial dos primeiros anos se vai por isso transformando, diferenciando e complicando. Já não será mais a simples feitoria nem "o contato fortuito de portugueses com os trópicos" – na sugestiva imagem de Gilberto Freyre. É uma nova nação que se esboça no seio do empreendimento comercial inaugurado pelos portugueses em trópicos americanos. O espírito dominante, e daí o "sentido" da colonização, será o mesmo, porque a base econômica não se modificará tão cedo. Mas já se trata de um fato e situação econômica, no seu conjunto, mais amplo e complexo, em que se delinearia uma progressiva diferenciação entre o "português" e um "novo", que é o brasileiro. E, pois, um contraste, que se fará em contradição e conflito. Contradição essa que se aprofundará e aguçará na medida em que a colônia americana e as atividades lucrativas que proporciona se fazem a principal e quase única base econômica do reino, privado que é, no correr do século XVII, da melhor parte de seu império ultramarino pela concorrência de holandeses e ingleses. E isso ocorre ao mesmo tempo que o crescimento da colônia, a multiplicação e a ampliação de suas perspectivas econômicas tendem a extravasar os estreitos quadros institucionais do sistema colonial próprio de uma metrópole decadente.

Alcança-se o clímax desse processo e momento decisivo em que se exacerbam e precipitam as contradições nele incluídas, quando a metrópole se reduz afinal à situação para a qual vinha progressivamente tendendo, de simples elo intermediário e parasitário entre, de um lado, o grande sistema internacional do capitalismo mercantil que se instalara no mundo sob a égide das grandes potências europeias, e da Grã-Bretanha em especial, e, de outro lado, este seu elemento e parte que adquirira relevo apreciável e que vinha a ser o Brasil. A separação de Portugal e a independência brasileira significarão, assim, a integração do Brasil naquela nova ordem internacional sem ser por mediação do reino. Não se modificará substancialmente com isso a posição da ex-colônia promovida a nação independente, pois continuará como antes, elemento marginal e periférico do sistema econômico internacional para cujo comércio contribui como fornecedor de produtos primários tropicais. Mas se alargam naquela nova perspectiva os seus horizontes, porque conta agora com a participação direta, e sem a mediação de uma metrópole decadente, das iniciativas, dos estímulos, do nível tecnológico, dos recursos e do aparelhamento comercial e financeiro dos grandes centros do capitalismo internacional. Conta com tudo isso para o fomento e a reestruturação em nível mais elevado de suas atividades produtivas, para o transporte de seus produtos, encaminhamento e distribuição deles, sem nenhum obstáculo e empecilho (como se dava sob o domínio português), pelos grandes mercados mundiais. Mercados estes que o considerável impulso desencadeado pela Revolução Industrial terá alargado em ritmo precipitado e tornado sorvedouro insaciável de matérias-primas e gêneros alimentares destinados a abastecerem máquinas e homens nelas aplicados ou delas direta ou indiretamente dependentes. Outras tantas perspectivas para os fornecedores dessas matérias-primas e alimentos, como o Brasil, que logo se fará importante contribuinte deles.

E com isso crescerá. Demograficamente, com o afluxo, de uma parte, dos candidatos a participantes no manejo e nos lucros do negócio oferecido pela nova e brilhante conjuntura que se apresentava ao país; e, de outra parte, da maciça mão de obra necessária à promoção daqueles negócios. A este último título virão, ou antes serão trazidos, até meados do século XIX, africanos escravos; em seguida, imigrantes europeus. A economia crescerá com novas e ampliadas atividades produtivas – aos tradicionais produtos, o açúcar e o algodão, virão juntar-se o café, o cacau, a borracha e outros mais. Acrescentar-se-á esta diversificação de atividades, a sua ampliação e intensificação pelo novo e tão mais elevado nível tecnológico atingido na civilização contemporânea de que, embora em plano e proporções modestas, o Brasil passara a participar. A isso se somarão a extensão e a intensificação das relações e das transações comerciais e financeiras que aquelas novas circunstâncias determinam, bem como a consequência e o acompanhamento de tudo isto que é a elevação dos padrões materiais e culturais e, pois – fato novo e da maior importância e significação, porque estará em contradição frontal e profunda com o sistema econômico colonial vigorante, de simples fornecimento de produtos primários ao comércio internacional –, o surgimento de um consumo e mercado internos significativos que se farão sentir e se afirmarão cada vez mais, comprometendo com isso irremediavelmente as bases econômicas do sistema tradicional. Esse comprometimento será também das instituições sociais e políticas que estruturam e asseguram o mesmo sistema. Isso porque no processo de crescimento dele, mercado e consumo efetivos se projetarão sempre para diante num mercado potencial de consumidores insatisfeitos, isto é, que aspiram a participar também daquele mercado e consumo efetivos cujo acesso lhes é embaraçado e até mesmo vedado quase de todo pela ordem econômica e social vigente.

É precisamente nessas contradições geradas pelo sistema internacional do capitalismo em que o Brasil e demais povos e países de sua categoria se enquadram como simples elementos periféricos e subsidiários, campos e horizontes de negócios comandados e usufruídos pelos centros controladores do sistema, é aí que se situam os impulsos dinâmicos do processo histórico ora em curso no cenário internacional de nossos dias, e no Brasil em particular. A problemática do crescimento econômico e do desenvolvimento, que é a matéria central deste livro, se situa precisamente na superação e na solução de tais contradições. Somente o conhecimento delas em profundidade – o que implica necessariamente o conhecimento do processo histórico em que se geraram –, somente isto, portanto, permitirá a proposição adequada daquela problemática e a sua solução.

III

É dentro do esquema esboçado anteriormente que se desenrola a história brasileira. Assinalemos os acontecimentos principais, os mais salientes e marcantes que o pontilham, precisando com isso a natureza e o caráter essencial desta coletividade humana que constituiria a nacionalidade brasileira, bem como o "sentido" de sua formação e evolução. Já no fato original da descoberta do território brasileiro e sua ocupação pelos portugueses se imprimiria o caráter que preside à colonização daquele território. A expansão marítima dos países da Europa, depois do século XV, da qual a descoberta e a ocupação da América e do território brasileiro em particular constituem o capítulo que especialmente nos interessa aqui, se origina de simples empresas comerciais levadas a efeito pelos navegadores daqueles países. Deriva ela do desenvolvimento do comércio continental europeu que até o século XV é quase unicamente terrestre, e limitado, por via marítima, a uma mesquinha navegação costeira e de cabotagem. A grande rota comercial do mundo europeu que sai do esfacelamento do Império do Ocidente é aquela que liga por terra o Mediterrâneo ao mar do Norte, desde as repúblicas italianas, através dos Alpes, os cantões suíços, os grandes empórios do Reno, até o estuário do rio onde estão as cidades flamengas. No século XIV, mercê de uma verdadeira revolução na arte de navegar e nos meios de transporte por mar, outra rota ligará aqueles dois polos do comércio europeu: será a marítima que contorna o continente pelo estreito de Gibraltar. Rota que, subsidiária a princípio, substituirá afinal a primitiva no grande lugar que ela ocupava. O primeiro reflexo dessa transformação, a princípio imperceptível, mas que se revelará profunda e revolucionará todo o equilíbrio europeu, foi deslocar a primazia comercial dos territórios centrais do continente, por onde passava a antiga rota, para aqueles que formam a sua fachada oceânica: a Holanda, a Inglaterra, a Normandia, a Bretanha e a península Ibérica.

Este novo equilíbrio firma-se desde princípios do século XV. Dele derivará não somente todo um novo sistema de relações internas do continente, mas, nas suas consequências mais afastadas, a expansão europeia ultramarina. O primeiro passo estava dado, e a Europa deixará de viver recolhida sobre si mesma para enfrentar o oceano. O papel de pioneiro nessa nova etapa caberá aos portugueses, os mais bem situados, geograficamente, no extremo desta península Ibérica que avança pelo mar. Enquanto holandeses, ingleses, normandos e bretões se ocupam na via comercial recém-aberta, que bordeja e envolve pelo mar o Ocidente europeu, os portugueses vão mais longe, procurando empresas em que não encontrassem concorrentes mais antigos e já instalados e para que contavam com vantagens geográficas apreciáveis. Buscarão a costa ocidental da África, traficando aí com os mouros que dominavam as populações indígenas. Nessa avançada pelo oceano, descobrirão as ilhas (Cabo Verde, Madeira, Açores) e continuarão perlongando o continente negro para o sul. Tudo isso se passa ainda na primeira metade do século XV. Lá por meados dele, começa a se desenhar um plano mais amplo: atingir o Oriente contornando a África. Seria abrir para seu proveito uma rota que os poria em contato direto com as opulentas Índias das preciosas especiarias, cujo comércio fazia a riqueza das repúblicas italianas e dos mouros por cujas mãos transitavam até o Mediterrâneo. Não é preciso repetir aqui o que foi o périplo africano, realizado afinal depois de tenazes e sistemáticos esforços de meio século.

Atrás dos portugueses lançam-se os espanhóis. Escolherão outra rota, pelo Ocidente em vez do Oriente. Descobrirão a América, seguidos de perto pelos portugueses, que também toparão com o novo continente. Seria a descoberta do território que constituía o Brasil, acontecimento, como se vê, situado em cheio na execução da imensa tarefa em que se tinham empenhado os navegadores europeus, de desvendar rotas capazes de pôr em contato e articular o comércio europeu com territórios ultramarinos e utilizá-los em proveito desse comércio. É com esse espírito e essa finalidade que os portugueses abordam o território brasileiro e o ocupam. Nem outro poderia ser seu pensamento. A ideia de povoar não lhes ocorria, tampouco aos demais navegadores e exploradores de outros povos. É o comércio e somente ele que interessa a todos, e daí o relativo desprezo, a princípio, pelo território primitivo e tão escasso de habitantes que é a América; inversamente ao prestígio do Oriente, onde não faltava objeto para atividades mercantis. Por muito tempo mesmo, o maior interesse que o Brasil apresentou foi de servir de escala para as frotas que demandavam as Índias. A ideia de ocupar não como se fizera até então em terras estranhas, apenas com agentes comerciais, funcionários e militares para a defesa, organizados em simples feitorias destinadas a mercadejarem com os nativos e servirem de articulação entre as rotas marítimas e os territórios ocupados, mas ocupar com povoamento efetivo, isto somente surgiu como contingência, necessidade imposta por circunstâncias novas e imprevistas. Aliás, nenhum povo da Europa estava em condições naquele momento de suportar sangrias na sua população, que no século XVI ainda não se refizera de todo das tremendas devastações da peste que assolaram o continente nos dois séculos precedentes. Na falta de censos precisos, as melhores probabilidades indicam que em 1500 a população da Europa ocidental não ultrapassava a do milênio anterior.

Em tais condições, "colonização" ainda era entendida como aquilo que dantes se praticava; fala-se em colonização, mas o que o termo envolve não é mais que o estabelecimento de feitorias comerciais, como os italianos vinham de longa data praticando no Mediterrâneo, a Liga Hanseática no Báltico, mais recentemente os ingleses, os holandeses e outros no extremo norte da Europa e no Levante, como os portugueses fizeram na África e na Índia. Na América, a situação se apresenta de forma inteiramente diversa: um território ainda não desbravado, habitado por rala população indígena incapaz de fornecer qualquer coisa de realmente aproveitável. Para os fins mercantis que se tinham em vista, a ocupação não se podia fazer como nas simples feitorias, com um reduzido pessoal incumbido apenas do negócio, sua administração e defesa armada. Era preciso ampliar essas bases, criar um povoamento capaz de abastecer e manter as feitorias que se fundassem e organizar a produção dos gêneros que interessavam o seu comércio. A ideia de povoar surge daí, e só daí.

E fez lentamente caminho. Nos primeiros decênios posteriores à descoberta não se cogitaria ainda o povoamento, e buscou-se unicamente a maneira de superar de alguma forma as deficiências que o território apresentava no referente aos objetivos mercantis visados pelos exploradores. Isso foi alcançado, como se sabe, com o aproveitamento de produtos extrativos, em particular o pau-brasil, de que se tirava matéria corante destinada a tingir panos e que substituía perfeitamente, e mesmo com vantagem, os produtos até então empregados para esse fim, como o "verzino" ou "brasil", importado desde longa data do Oriente. A exploração do pau-brasil não deixou traços apreciáveis, a não ser na destruição impiedosa e em larga escala das florestas nativas donde se extraía a preciosa madeira. Não se criaram estabelecimentos fixos e perduráveis, uma vez que, por sua natureza, a exploração de um produto extrativo como o pau-brasil era essencialmente nômade. Os traficantes se aproximavam da costa, escolhendo um ponto abrigado e próximo das matas onde se encontrava a essência em concentrações interessantes, e aí embarcavam a mercadoria que lhes era trazida pelos indígenas. Foi graças, aliás, à presença relativamente numerosa de tribos nativas no litoral brasileiro que tornou-se possível dar à indústria um desenvolvimento apreciável. As tripulações dos navios que efetuavam o tráfico não dariam conta, por si sós, a não ser de forma muito limitada e por isso mesmo talvez sem maior interesse comercial, da árdua tarefa de cortar árvores de grande porte como o pau-brasil, que alcança um metro de diâmetro na base do tronco e dez metros de altura, transportá-las até a praia e daí às embarcações.

A indispensável participação do indígena na empresa exploradora do pau-brasil fez com que se apresentasse, já de início, uma primeira amostra como modelo em miniatura do padrão da futura organização das relações de produção e da estrutura socioeconômica básica da sociedade brasileira: de um lado, o europeu que vem especular, realizar um negócio, fazendo-se para isso o empresário, dirigente e administrador da empresa destinada a fornecer os produtos oferecidos pelo território ocupado ao comércio de seu país de origem; do outro lado, o trabalhador de raça exótica (para o colono branco, naturalmente), sem outro papel na empresa que contribuir com sua força de trabalho. Essa força de trabalho se recrutará, a princípio, voluntariamente, em troca de missangas e outros pequenos objetos que, embora de valor ínfimo para os europeus – o que precisamente fazia o grande interesse comercial do empreendimento –, enchiam de satisfação os indígenas que se esforçariam para alcançá-los. Mais tarde, quando as exigências dos indígenas começam a crescer, ameaçando com isso a margem de lucro da empresa, substituem-se os atrativos de objetos cobiçados pela coação. As relações de trabalho evoluirão para a escravidão. Isso, porém, ocorrerá propriamente em fase mais adiantada da colonização, quando empreendimentos de maior vulto e complexidade que a extração do pau-brasil propõem problemas de diferente natureza. É o que logo veremos. Mas lembramos isso desde já para comprovar e tornar ainda mais claras as condições em que os não europeus se incorporam à colonização e o papel que o trabalhador nela representa. Simples instrumento à disposição dos dirigentes do negócio que é o que essencialmente constitui a colonização. E nela incluídos exclusivamente em função do interesse daqueles dirigentes: voluntariamente, se possível harmonizar a vontade do trabalhador com aquele interesse; caso contrário, pela coação.

O tipo de organização adotada na exploração do pau-brasil se repetirá mais tarde, em escala maior e com outra complexidade, mas respeitando sempre, no essencial e básico, o modelo descrito, quando a colonização se lança em empresas de maior envergadura. A principal delas será, nos dois primeiros séculos, sem contraste e com grande projeção, a produção do açúcar de cana. Trata-se de gênero primário que alcançará grande demanda e ocupará um primeiro lugar no comércio internacional. É graças à produção do açúcar, em que o Brasil gozará de grande destaque, que se tornará possível levar adiante a colonização e efetivamente ocupar o território brasileiro, lançando as bases de seu povoamento. O Brasil, parafraseando Ptolomeu, é "um dom do açúcar", porque o que virá depois dele já contará com os pontos de partida e os recursos postos à disposição do progresso ulterior da colonização, pelo já realizado com a exploração da cana. É considerada por este ângulo que se compreenderá melhor a origem da formação do nosso país, a sua razão de ser. Não é a colonização que empreendeu e desenvolveu o aproveitamento da exploração canavieira, e sim o contrário: é essa exploração que deu origem à colonização e ao Brasil. Assim visualizado o assunto, destaca-se o fato cuja caracterização é essencial para a compreensão da formação brasileira, a saber, que não é a economia do açúcar que se conforma e adapta às necessidades de uma sociedade preexistente que nela procura a base econômica de sua subsistência. E sim é esta sociedade que se origina, se dispõe e se organiza em função da finalidade precípua de produzir açúcar e, assim, realizar um negócio. Negócio que tem não como objetivo (pois o objetivo próprio de todo negócio é tão somente o lucro mercantil), mas como objeto, o atendimento de necessidades e de um consumo estranhos ao país e à coletividade nela instalada, e que se torna, assim, simples expressão daquele negócio. E desse modo condicionada, refletirá em todos os seus aspectos econômicos, sociais, mesmo culturais e psicológicos e, na medida em que couberem numa simples colônia, políticos também, as injunções determinadas por aquela atividade mercantil. Analisando-se, portanto, a organização da economia açucareira, a sua estrutura e a forma como se dispõe, tanto internamente nas suas relações de produção como externamente no sistema socioeconômico a que dá origem e no qual se enquadra, analisando-se essas circunstâncias ter-se-á perspectiva, em profundidade, das instituições fundamentais e do caráter essencial da sociedade brasileira em seu ponto de partida. E ter-se-á, sobretudo, a visão geral do fato, de fundamental importância para a compreensão do Brasil, da intimidade e integridade com que se marcou na formação do país o caráter que lhe foi impresso pela finalidade de negócio que presidiu à sua constituição.

IV

O açúcar é no Brasil, antes de tudo e mesmo com exclusividade, *mercadoria*, objeto de comércio. Produz-se não para consumo dos produtores, mas para vender (e mesmo vender para fora do país, para exportar), a fim de apurar na transação um lucro monetário. Não é demais insistir aqui nisso, que de tão notório já borda a banalidade, para bem marcar o contraste da economia agrária brasileira com outros tipos econômicos em que não ocorre, ou pelo menos não predomina com tamanha exclusividade como se dá em nosso caso, o objetivo comercial. Muitas e graves confusões se insinuam imperceptivelmente na análise e na interpretação da economia brasileira nas primeiras fases de sua formação, quando não se tem em vista aquela sua característica e peculiaridade específica bem presente; e em consequência se confundem inadvertidamente situações que comportam cada qual efeitos econômicos, sociais e históricos, em geral, bem diversos. A agricultura propriamente comercial constitui exceção até época muito recente. E quando se instalava a colônia brasileira, bem como outras colônias de origem semelhante, ela era ainda, como fato geral e normal, virtualmente desconhecida. Na generalidade dos casos, inclusive na Europa em que nos entroncamos, a mercantilização das atividades agrárias constitui fato moderno, e o comércio se insere aí numa economia agrária preexistente sob outras formas e já largamente desenvolvida. No Brasil, pelo contrário – e a diferença é considerável e de largas consequências –, é a preexistência de um objetivo comercial que precisamente abre perspectivas para as atividades agrícolas e estimula o estabelecimento e o desenvolvimento delas. A mais grave e imediata decorrência desse fato é que a produção para a subsistência dos produtores e de todos aqueles que direta ou indiretamente dependem das atividades agrárias – e será esse o caso de praticamente todo mundo nos primeiros tempos da colonização – é relegada a um segundo e apagado plano e é, por isso, desleixada. Trataremos desse assunto com mais vagar adiante e lembramo-lo aqui unicamente para fazer sentir desde logo um dos mais sérios sintomas da falta de organicidade econômica a que as precárias bases da colonização condenaram a nascente sociedade brasileira. Vejamos antes as consequências de ordem mais geral que resultam da originária e prematura mercantilização das atividades econômicas fundamentais da colônia. São elas, em especial, a organização e a estrutura específicas da agricultura brasileira, que trarão a marca iludível do objetivo essencialmente comercial a que essa agricultura se destina. Isso desde a determinação da produção escolhida – que será de um gênero de grande expressão comercial na conjuntura internacional da época, como foi o caso do açúcar de cana, sem atenção a nenhuma outra consideração – até o tipo e as dimensões das unidades produtoras, bem como as relações de produção e trabalho que nelas se estabelecem. Essas unidades serão a exploração em larga escala, de iniciativa do empresário que realiza um negócio e objetiva o lucro, nela invertendo os recursos financeiros (capital) de que dispõe e na qual, sob a direção do mesmo empresário que comanda sem contraste e dispõe tudo em função única do seu objetivo comercial, conjugam-se grande propriedade fundiária monocultural e numerosa força de trabalho servil.

Constitui esse tipo de organização a decorrência própria e natural do conjunto de circunstâncias que concorrem para a implantação da lavoura canavieira e a fabricação do açúcar. Tanto das contingências de ordem tecnológica do empreendimento como do espírito e das finalidades que o animam. Não interessaria evidentemente aos colonos que demandavam o Brasil para nele se instalarem e enriquecerem no manejo de um bom negócio tornarem-se pequenos proprietários e modestos camponeses. A condição para sua expatriação tinha, por isso, que ser a oportunidade de um empreendimento de vulto. Por sua vez, há um importante fator de ordem tecnológica que determina a implantação da exploração em larga escala na cultura da cana e na produção do açúcar. Aquela cultura somente se prestava comercialmente, ou pelo menos se prestava consideravelmente melhor a grandes plantações. Já para desbravar e preparar convenientemente o terreno (tarefa particularmente custosa em meio tropical e virgem tão hostil ao homem e suas atividades), tornava-se necessário o esforço reunido de muitos trabalhadores. Não era empresa para pequenos proprietários isolados. Isso feito, a plantação, a colheita e o transporte do produto até os engenhos onde se preparava o açúcar somente se tornavam rendosos quando executados em comum por numerosos trabalhadores operando com grandes volumes do produto. Nessas condições, o pequeno produtor achava-se sensivelmente em desvantagem. Que dizer então do "engenho", a fábrica do açúcar com o beneficiamento da cana, necessariamente de vulto e de tão grande custo (donde a exigência de economias de escala e grande produção) e operado por numerosa força de trabalho? A exploração em larga escala se torna, assim, essencial. E com ela, naturalmente, a grande propriedade que é seu corolário. Assim também a monocultura, não somente porque a natureza da exploração e seus objetivos impõem a concentração de esforços na atividade produtiva para a qual foi montada, como também porque a grande propriedade trabalhada por mão de obra inferior, como é a regra nos trópicos, e o foi também no Brasil, não pode ser empregada numa exploração diversificada e de alto nível tecnológico.

O terceiro e certamente o mais importante elemento que concorre na organização da economia açucareira que dá início e proporciona o primeiro impulso da colonização efetiva é o trabalho escravo. Nas circunstâncias gerais, já consideradas, que presidem à colonização brasileira, e particularmente naquelas em que se instala e organiza a produção do açúcar, as relações de produção e trabalho se estabelecem necessariamente na base da separação entre a propriedade dos meios de produção, de um lado, e, de outro, o fornecimento da força de trabalho. Trata-se naquele empreendimento, centralmente, de um negócio, de uma empresa comercial; e o que é mais: de uma empresa de certo vulto que, para cada unidade produtora e empresário, requeria o concurso de um número relativamente grande de trabalhadores. De onde proviria essa mão de obra? Não da metrópole, muito menos, está claro, de outros países da Europa. O português, como qualquer outro europeu, não emigraria para os trópicos, nas circunstâncias da época, para se engajar como simples assalariado do campo. Isso que seria possível em época recente, e se verificou efetivamente com a forte corrente imigratória europeia que afluiu para o Brasil desde a segunda metade do século passado, era na época, se não inconcebível (temos o caso dos *indentured servants* que a colonização inglesa encaminhou em pequeno número para o Sul dos Estados Unidos e as Antilhas), pelo menos difícil e de perspectivas extremamente limitadas. Tanto mais que havia na época grande carência de mão de obra em Portugal, a tal ponto que, desde as primeiras expedições à costa da África, encetara-se um forte tráfico de escravos aí capturados e com que se abastecia o reino a fim de suprir a insuficiência de mão de obra disponível. Mesmo já antes disso, os portugueses adquiriam escravos negros de traficantes árabes. Não estava assim Portugal em condições de fornecer a força de trabalho que a colonização e a produção do açúcar, em especial, necessitavam.

 A primeira solução encontrada, e já referida, foi o emprego de indígenas, que eram relativamente numerosos ao longo do litoral brasileiro e se achavam, assim, ao alcance dos colonos. Empregaram-se, como foi referido, na extração do pau-brasil. E não ocorreram aí dificuldades especiais. Já no caso da produção de açúcar, a situação era outra, e aparecem sérios obstáculos no recrutamento e no aproveitamento do indígena. O principal deles vem da intensificação da demanda de trabalhadores em face das exigências incomparavelmente maiores da produção do açúcar em confronto com a rudimentar e tão simples extração do pau-brasil. Essa demanda intensificada determina, como consequência natural, exigências maiores dos indígenas. Tanto mais que os pequenos objetos com que eram gratificados se iam banalizando com o tempo e perdendo, por isso, o agudo interesse que a princípio despertavam.

 Esse encarecimento da mão de obra naturalmente reduzia a margem de lucro do negócio e estimulava a procura de outras soluções para o problema. Acresce que se o índio, por natureza nômade, se dera bem com o trabalho esporádico e livre da extração do pau-brasil, já não se afeiçoará à disciplina, ao método e ao rigor de uma atividade rigidamente organizada e sedentária como a da lavoura da cana e da fabricação do açúcar. Já não se sujeitará com tanta facilidade e, assim, além de determinar o encarecimento da produção, mostrar-se-á pouco eficiente. Trabalhará mal e irregularmente. Aos poucos, fez-se necessário forçá-lo ao trabalho, manter vigilância estreita sobre ele e impedir sua fuga e abandono da tarefa em que se achava ocupado. Daí para a escravidão pura e simples foi apenas um passo[1]. E não havia outra solução. A deficiência quantitativa e qualitativa do trabalho indígena livre, aliada ao seu encarecimento – que chegou até extremos altamente perigosos, pois até com armas de fogo se chegou a remunerá-lo, o que foi rigorosamente proibido, como é compreensível –, obrigou os proprietários a lançarem mão da coação pura e simples. Seria a escravidão, que apenas trinta anos, possivelmente até menos, decorridos do início da ocupação efetiva do Brasil e do estabelecimento da agricultura se generalizara e se instituíra firmemente em toda parte. "Firmemente", como instituição consagrada e de fato legalizada, mas não como sistema econômico estável e eficiente. O indígena resistirá desesperadamente à escravização. Defender-se-á e lutará com todo ardor e de armas na mão. Inclusive revidará, não somente revoltando-se em massa quando já apresado e feito escravo, como partindo para ofensivas de larga envergadura contra os estabelecimentos coloniais. Situação essa que convulsionará a vida da colônia por muito tempo e mesmo a torna de início inviável em diferentes lugares.

Situação evidentemente insustentável. Tanto mais que, além da resistência que ofereceu ao trabalho escravo, o índio se mostrou muito mau trabalhador, de pouca resistência física e de eficiência mínima. Nunca teria sido capaz de dar conta de uma tarefa colonizadora levada em grande

---

[1] Essa transformação das relações de trabalho nos primórdios da colonização brasileira acha-se analisada por Alexander Marchant, *Do escambo à escravidão: as relações econômicas de portugueses e índios na colonização do Brasil, 1500-1580* (trad. Carlos Lacerda, São Paulo, Companhia Editora Nacional, 1943).

escala. Está aí o exemplo da Amazônia, onde não chegou a ser substituído em escala apreciável por outro trabalhador e onde, em grande parte por isso, a colonização estagnou até quase nossos dias. É que de um lado seu número era relativamente pequeno; doutro o índio brasileiro, saindo de uma civilização muito primitiva, não se podia adaptar com a necessária rapidez ao sistema e aos padrões de uma cultura tão superior à sua como era aquela que lhe traziam os europeus. O Brasil, nesse assunto, estava em situação bem diversa da do México e dos países andinos, onde a colonização encontrou populações de nível cultural elevado.

Aqui será o negro africano que resolverá em definitivo o problema do trabalho. Os portugueses estavam bem preparados para a substituição: já de longa data, desde meados do século XV, como lembramos, traficavam com escravos adquiridos nas costas da África e introduzidos no reino europeu, onde eram empregados em várias ocupações – serviços domésticos, trabalhos pesados, e mesmo na agricultura. Também se utilizavam nas ilhas (Madeira e Cabo Verde) colonizadas pelos portugueses na segunda metade daquele século. Não se sabe ao certo quando apareceram pela primeira vez no Brasil. Há quem afirme que vieram já na primeira expedição de povoadores (1532). O fato é que na segunda metade do século eles são numerosos.

O processo de substituição do índio pelo negro se prolongará até o fim da era colonial. Far-se-á rapidamente em algumas regiões: Pernambuco, Bahia. Noutras será muito lento e mesmo imperceptível em certas zonas mais pobres, como no extremo norte (Amazônia), e até o século XIX em São Paulo. Contra o escravo negro havia um argumento muito forte: seu custo. Não tanto pelo preço pago na África, mas em consequência da grande mortandade a bordo dos navios que faziam o transporte. Mal alimentados, acumulados de forma a haver um máximo de aproveitamento de espaço, suportando longas semanas de confinamento e as piores condições higiênicas, somente uma parte dos cativos alcançava seu destino. Calcula-se que, em média, somente 50% chegavam com vida ao Brasil, e, destes, muitos estropiados e inutilizados. O valor dos escravos foi, assim, sempre muito elevado, e somente as regiões mais ricas e florescentes podiam suportá-lo.

Mas, seja com escravos africanos, seja com escravos ou semiescravos indígenas, a organização das grandes propriedades açucareiras da colônia foi sempre, desde o início, mais ou menos a mesma. É ela a da grande unidade produtora que reúne num mesmo e conjunto trabalho produtivo um número mais ou menos avultado de indivíduos sob direção imediata do proprietário ou seu feitor. É a exploração em larga escala, que, conjugando áreas extensas e numerosos trabalhadores, constituiu-se como uma única organização coletiva de trabalho e produção. Opõe-se, assim, à pequena exploração parcelária realizada diretamente por proprietários ou arrendatários.

Essa organização e estrutura da economia agrária brasileira se encontra retratada, muitas vezes com as mais vivas e precisas cores, nos testemunhos contemporâneos, e particularmente nos três depoimentos mais ilustrativos e importantes que a respeito nos ficaram e que se escalonam ao longo dos três séculos da colônia. São eles: o de Gabriel Soares, no alvorecer dela; de Antonil, em princípios do século XVIII; e finalmente, o de Vilhena, já no fim do período colonial e vésperas da Independência[2].

As modificações do panorama econômico brasileiro através do tempo, desde o início até o fim da colônia, são mínimas, e, no essencial, podemos dizer que nenhumas. A estrutura econômica da colônia não se terá alterado e será, no fundamental, aquela que procuramos resumir anteriormente. E o sistema em que se organiza a cultura da cana e a produção do açúcar nos primeiros momentos da vida brasileira se repetirá sem modificação substancial no que diz respeito, em especial, às relações de produção e trabalho, nas demais atividades produtivas da colônia, inclusive na mineração. E é nesse quadro que se disporá o conjunto da economia colonial; e sobre essa base se organizará a sociedade brasileira. Antes, contudo, de concluirmos a respeito dessa primeira e preliminar fase de nossa formação, vejamos alguns outros elementos da organização econômica brasileira com cuja inclusão teremos um esquema geral do assunto.

---

[2] Gabriel Soares de Souza, "Tratado descritivo do Brasil em 1587", *Revista Trimensal do Instituto Histórico e Geográfico do Brasil*, t. 14, 1851; André João Antonil, *Cultura e opulência do Brasil, por suas drogas e minas* (São Paulo, [Companhia Editora Nacional,] 1967, coleção Roteiro do Brasil); Luiz dos Santos Vilhena, *Recopilação de notícias soteropolitanas e brasílicas* (Bahia, [Imprensa Oficial do Estado,] 1921).

V

Os setores fundamentais e essenciais da economia colonial brasileira, anteriormente considerados, são aqueles que se voltam para a produção de mercadorias exportáveis, isto é, destinadas ao mercado do exterior. Mais que simples elementos da economia colonial, são eles que propriamente caracterizam a colonização e lhe dão o traço distintivo e específico, pois representam sua própria razão de ser. É para fornecer açúcar, ouro e diamantes e mais alguns poucos produtos primários ao comércio internacional que se ocupou e povoou o território que constituiria o Brasil e se instalou nele uma sociedade humana. Tudo mais é acessório daquela função comercial. Amolda-se por isso às suas exigências e sofre-lhe as contingências, desde a distribuição do povoamento, o traçado das vias de comunicação e demais circunstâncias geográficas, até as instituições e a estrutura da sociedade. O homem se fixa e forma seus núcleos de povoamento no correr dos dois primeiros séculos da colonização, sobretudo e quase unicamente ali onde pode, comercialmente e com vistas ao exterior, produzir açúcar. É o que explica a formação destas três primeiras concentrações demográficas da colônia, que são, em primeiro e destacado lugar, a Bahia; em seguida, Pernambuco; e, em última e distanciada posição, São Vicente. Mesmo nesse atraso relativo de São Vicente se verifica o papel determinante e decisivo na função econômica essencial da colonização. É porque São Vicente se encontra relativamente em posição excêntrica ao comércio internacional do açúcar que o núcleo retarda sobre seus concorrentes do norte, geograficamente mais bem situados. Outros núcleos menores que se espalham ao longo do litoral têm em regra a mesma origem. E circunstâncias análogas se observam no concernente à penetração do povoamento pelo interior do território, que se realiza, sobretudo, no correr dos séculos XVII e XVIII. Essa penetração será sempre ditada, direta ou indiretamente, pela função exportadora da economia colonial. É o caso, evidente desde logo, da ocupação das regiões centrais do continente que constituiriam as capitanias, depois províncias e hoje estados de Minas Gerais, Mato Grosso e Goiás. Eram aí o ouro e, em pequena escala, os diamantes que atraíam os povoadores. A outra instância de larga penetração interior, esta de expressão relativa mínima, mas que também ilustra a regra geral que orienta a distribuição do povoamento colonial, é a infiltração pela ampla rede hidrográfica formada pelo rio Amazonas e seus tributários. Aí o que essencialmente se busca são alguns gêneros naturais da floresta – especiarias como o cravo e a canela, a castanha, a salsaparrilha e, sobretudo, o cacau –, gêneros estes com que, embora muito modesta e apagadamente, se objetiva abastecer o comércio de exportação.

O terceiro e último grande impulso demográfico em direção ao interior se realizaria na base da pecuária de corte e tem por cenário, primeiro, em lugar de destaque, o sertão nordestino – precisamente a região tributária dos principais centros produtores de açúcar: a Bahia e o litoral nordeste centrado em Pernambuco; em seguida, a região que compreende a bacia do rio Grande, ao sul das Minas Gerais e com elas articulada; e finalmente o território que tomaria o nome de Campos Gerais e que hoje compreende o planalto interior do estado do Paraná, região que se liga à colonização vicentina. Tais localizações e ligações se explicam ainda pela natureza específica da economia colonial. A produção da pecuária de corte – a carne bovina – não se destina, é verdade, ao comércio exterior, mas abastece e assegura a subsistência dos centros coloniais que servem àquele propósito. É isso somente que a explica e a integra assim também naquele sistema econômico geral.

Essa consideração da pecuária e do abastecimento alimentar da colônia nos leva a um assunto da maior importância dentro da ordem de ideias em que nos encontramos. Ela serve para ilustrar e comprovar, mais uma vez, o papel decisivo que teve nos rumos da colonização a função econômica a que ela foi destinada, a saber, a de simples fornecedora de produtos primários ao comércio internacional. Esse exclusivismo, que tão profundamente se marcaria na formação e na evolução econômica do Brasil e no tipo de sociedade que nele se constituiu, também explica o fato, à primeira vista tão paradoxal e de tão sérias consequências, que vem a ser o papel secundário a que sempre se relegaram as atividades destinadas à produção do sustento de base da população: a sua alimentação. É que a produção de mercadorias exportáveis e impróprias, ou pelo menos insuficientes (como o açúcar) para a subsistência, absorveu inteiramente as atenções. E, assim, o que deveria normalmente constituir o essencial de uma economia, que é prover ao sustento alimentar dos indivíduos nela engajados, sempre foi no Brasil não apenas subestimado, mas até mesmo, com frequência, quase por inteiro desatendido. A população rural ainda era suprida, e assim mesmo insuficientemente, com alimentos produzidos nas próprias fazendas, que dedicavam uma parcela de suas atividades à produção de gêneros alimentícios – a mandioca, o milho, o feijão. Era, contudo, uma produção marginal, a que se dava um mínimo de atenção e que satisfazia muito mal às necessidades do pessoal empregado. Ocupavam-se geralmente dela, por conta própria, os mesmos escravos empregados na lavoura principal, aos quais se concedia um dia na semana, em regra o domingo, para se ocuparem de suas roças. A população urbana não dispunha, naturalmente, nem desse recurso. Devia recorrer para fora e, a fim de atender a essa demanda – uma vez que as grandes explorações não dispunham de excedentes, absorvidas que estavam em suas lavouras principais –, constituíram-se à margem dessa economia de grandes explorações, umas pequenas e pobres culturas especializadas na produção de alimentos. Será esse um setor subsidiário da economia colonial, de expressão quantitativa e qualitativa mínima e padrão muito baixo, quase sempre vegetativa e de existência precária. Com produtividade escassa e sem vitalidade apreciável. Raramente se encontram lavouras dessa natureza que se elevam acima de tal nível. Em geral, a sua mão de obra não é constituída de escravos: é o próprio lavrador, modesto e mesquinho, que trabalha. Às vezes conta com o auxílio de um ou de outro preto, ou mais comumente de algum índio ou mestiço semisservil. É interessante notar essas circunstâncias que retratam a pequena importância e significação do que constituiria, na economia agrária da colônia, um setor propriamente camponês, em contraste com a grande exploração, operada em larga escala na base do trabalho servil e dedicada exclusivamente à produção de mercadorias exportáveis. Essa situação, fruto das circunstâncias gerais da colonização, e que lhe são peculiares, terá importante papel tanto na configuração da estrutura social brasileira – é um dos principais fatores que contribui para a insignificância das categorias médias da população – como na dinâmica da nossa evolução econômica, social e mesmo política. De um modo geral, afeta profundamente o conjunto da vida colonial e interfere diretamente com a própria subsistência biológica da população, comprometendo-lhe a saúde e a constituição física. O papel secundário a que o sistema econômico do país, absorvido pela grande lavoura, vota a agricultura de subsistência dá lugar ao problema mais sério, talvez, que a população colonial deve enfrentar e que vem a ser a insuficiência alimentar. Sobretudo nos grandes centros, como Bahia e Pernambuco em especial, há um verdadeiro estado crônico de carestia e crise alimentar que frequentemente se tornam fome declarada e generalizada. Isso ocorre ainda mais nos momentos de alta de preços dos produtos da grande lavoura, quando as atividades e as atenções se voltam inteiramente para ela e as culturas alimentares são ainda mais desleixadas que ordinariamente. Situação paradoxal, porque é a miséria e a fome a ombrearem com a prosperidade daqueles preços elevados.

Uma situação como essa, de consequências tão catastróficas, acha-se de tal forma enraizada no sistema geral da colonização que, embora reconhecida e combatida pelas autoridades, nunca foi sensivelmente afetada. As leis que procuram obrigar as fazendas e os engenhos ao plantio da mandioca (o alimento básico da colônia) não eram respeitadas. Não havia como dobrar a vontade dos grandes lavradores e senhores de engenho e submetê-los a normas, por mais justas e necessárias, que lhes pudessem afetar os interesses comerciais. A oposição frontal e a resistência deles se fazem sentir ao longo de toda a história colonial. Um dos grandes motivos de insatisfação dos senhores de engenho contra o domínio holandês, e que os leva a combatê-lo, é precisamente a atenção dada pelas autoridades ao plantio obrigatório da mandioca. Ainda nas vésperas da Independência, no conhecido inquérito mandado proceder na Bahia, em 1807, pelo governador conde da Ponte[1], os consultados, pessoas de destaque na administração, na agricultura e no comércio, vêm todos fulminar seus raios contra o que poderia afetar os lucros que direta ou indiretamente auferiam do açúcar. E tão absurdas achavam as medidas oficiais de fomento da produção de subsistência que, um deles, o notório senhor do Engenho da Ponte, Manoel Ferreira da Câmara, não hesita em lançar-lhes seu mais formal desafio: "Não planto um só pé de mandioca para não cahir no absurdo de renunciar a melhor cultura do paiz pela peior que nelle ha".

---

[1] João Rodrigues de Brito, *Cartas econômico-políticas sobre a agricultura e comércio da Bahia* (Lisboa, [Imprensa Nacional,] 1821), reeditadas pelo governo do estado da Bahia em 1924.

VI

Transparece aí nitidamente o interesse de classe gerado nas circunstâncias peculiares do sistema socioeconômico da colonização, bem como nas contradições a que ele dá lugar. Era o apelo do lucro comercial que barrava a aplicação de medidas que iam ao encontro das necessidades da massa da população que não participava daquele lucro. Aprofunde-se, contudo, a análise da questão, indagando por que a cultura da cana seria tão lucrativa e, por isso, atraente, e a mandioca, pelo contrário, desinteressante e, por isso, desprezada, embora atendesse a uma necessidade muito mais importante e da grande maioria da população. Resulta isso, diretamente, do próprio sistema em que se organizara a economia colonial e se dispusera a estrutura social erigida sobre aquela base econômica e por ela condicionada. Um sistema, como temos visto, voltado para o fim precípuo de servir o comércio internacional e abastecer amplos mercados externos – o que é, aliás, o que torna o negócio interessante e o faz florescer e prosperar. Esse sistema, uma vez estabelecido e organizado da melhor forma possível para atender aos objetivos visados, fica limitado a eles porque retroage sobre o próprio processo de seu desenvolvimento, tendendo, assim, a se consolidar cada vez mais e a se fazer mais exclusivo. Resiste a qualquer diversificação e se restringe unicamente à função para a qual fora criado. O efeito se torna causa, e contribui, desse modo, para reforçar o caráter originário. Como ocorre isso? Muito simplesmente porque a forma de organização adotada pela colonização para realizar o negócio que consistia em produzir com vistas essencialmente ao exterior – forma aliás acertada, como seu sucesso indicaria – tivera como consequência uma sociedade dividida fundamentalmente em duas categorias sociais que se extremam em polos de um eixo em torno do qual giram toda a vida colonial e suas atividades. De um lado, a pequena minoria de proprietários, dirigentes e usufrutuários, diretos ou indiretos, da produção mercantil que constitui o nervo econômico da colônia. De outro, a grande massa que são os trabalhadores escravos ou assemelhados que fornecem o esforço necessário à produção. Ou então os deslocados e relegados para atividades de expressão econômica insignificante nesta sociedade centrada e absorvida inteiramente em sua função e grande negócio de produzir gêneros primários ao comércio internacional; e não oferecendo, por isso, fora desse negócio, oportunidades apreciáveis. E finalmente os simples desclassificados e marginais, subprodutos de uma sociedade rigidamente estratificada, sem ocupação fixa, oscilando entre a vadiagem e o crime. Nas vésperas da emancipação política da colônia, os observadores contemporâneos são unânimes em assinalar os grandes contingentes dessa categoria da população colonial.

Uma estrutura social como essa não oferece condições favoráveis para servir de base a um mercado que apresente oportunidades comerciais interessantes às atividades produtivas. A demanda efetiva nesse mercado se dividirá em dois setores praticamente exclusivos, ou pelo menos largamente predominantes: o primeiro, um consumo de padrão elevado – o da categoria privilegiada da população – a que a produção da colônia não está em condições de atender, que será satisfeito essencialmente pela importação (como entre outros e especialmente, de gêneros alimentícios e vestimenta de luxo) e que, de qualquer modo, tem expressão quantitativa global muito pequena, porque aquela categoria privilegiada é numericamente insignificante. O outro setor da demanda efetiva é de consumidores que, embora constituindo a massa da população, são de nível econômico extremamente baixo ou se acham fora do comércio, como os escravos. Não apresentam por isso, apesar de seu grande número, uma demanda efetiva global apreciável. E, assim, o mercado colonial interno e seus diferentes setores se mostram, embora por motivos diferentes, mas coincidentes em seus efeitos de conjunto, muito limitados e incapazes por isso de oferecer perspectivas apreciáveis à produção.

Verifica-se aí a retroação da superestrutura social sobre a base econômica que a determinara. E estabelece-se com isso um círculo vicioso que tende continuamente a reforçar a situação estabelecida, isto é, o sistema socioeconômico em que se estruturara a colonização. A organização da produção para o mercado externo determinara uma estrutura incapaz de proporcionar um mercado interno apreciável e estimulante de atividades produtivas de nível elevado e grandes perspectivas. Em sentido contrário, essa ausência de estímulos tende a especializar a produção e circunscrevê-la ao papel que lhe fora originariamente destinado.

Em tais condições, a economia brasileira não terá outros horizontes que monotonamente se repetir e evoluir através de sucessivos ciclos estreitamente subordinados à conjuntura do mercado externo para um ou outro gênero primário da produção colonial. Ciclos esses em que uma fase de prosperidade momentânea é seguida e substituída por outra de declínio, decadência e, em casos extremos, até mesmo gradual decomposição econômica e social. Tais ciclos se repetem no tempo e no espaço ao longo de toda a nossa evolução econômica, que, em tão estreitas perspectivas, se desenrola até as vésperas de nossa emancipação política. É somente então que se esboçam novas circunstâncias e situações que permitem à economia brasileira – e com ela a organização da sociedade – ingressar em nova fase e partir para o assentamento das primeiras premissas de sua transformação, cujos progressos se arrastam pelo século XIX e vão, afinal, no século ora em curso, abrir perspectivas para a superação definitiva da velha estrutura socioeconômica erigida pela colonização e por ela legada ao Brasil nação.

VII

Os impulsos que vão dar novo rumo à evolução histórica brasileira, e em especial à economia do país, ou, antes, que abriram as primeiras fendas na estrutura colonial (com os caracteres que já esboçamos) e preparam o terreno para novos caminhos, tais impulsos derivam em última instância e fundamentalmente da nova ordem internacional que se vem configurando no correr da segunda metade do século XVIII e se precisa e consolida no correr do século seguinte. Referimo-nos ao capitalismo industrial, que assinala a complementação do processo de mercantilização dos bens econômicos e, em particular, da força de trabalho cuja inclusão generalizada no rol das mercadorias, e caracterização como tal, completa aquele processo que assim penetra no mais íntimo da atividade econômica que são as relações de produção. Essa mercantilização generalizada da força de trabalho se faz possível graças, sem dúvida, à revolução tecnológica (ordinariamente conhecida por "Revolução Industrial") ocorrida na segunda metade do século XVIII. E a ela se costuma por isso atribuir a gênese do capitalismo moderno. Foi certamente o considerável progresso tecnológico representado pela mecanização em larga escala da produção econômica, que deslocou as características relações de produção e o conjunto do sistema então dominante que era o do capitalismo comercial. Encontra-se aí o fator imediato que condicionou a transformação do artesão em assalariado – pois colocou fora de seu alcance este novo e poderoso instrumento de produção que é a máquina – e o deixou unicamente com a sua força de trabalho. E são as mesmas circunstâncias que, paralelamente, fizeram do comerciante que antes intervinha na atividade econômica como comprador da produção artesanal, que fizeram dele, graças ao capital de que dispunha, o proprietário da máquina, o industrial que se torna ele próprio empresário da produção. Produção esta que se realizará com a compra que faz da força de trabalho necessária para o manejo da máquina e que o deslocamento do trabalho artesanal tornara livre e disponível. Mas se a revolução tecnológica faz possível essa profunda modificação das relações de produção e trabalho, é a mesma modificação (que, aliás, nos seus primeiros esboços, estimula a revolução tecnológica), é ela que direta e essencialmente assinala o advento da nova ordem capitalista.

No que se refere ao Brasil, o primeiro e grande impacto desta nova ordem será abalar pela base o sistema em que se incluía o país, como colônia que era da metrópole portuguesa. Sistema este assente fundamentalmente no chamado pacto colonial, que significava o exclusivismo do comércio das colônias para as respectivas metrópoles. O pacto colonial é expressão perfeita do domínio do capital comercial que a nova ordem capitalista encontra pela frente e deve destruir para se desenvolver. O interesse do comércio e de seus manipuladores no pacto é óbvio, pois o fim dele não é senão reservar para a metrópole e, portanto, seus comerciantes o privilégio das transações comerciais em prejuízo de concorrentes estrangeiros. E, por isso, o pacto se mantém enquanto o capital comercial domina. Na nova ordem, contudo, a figura central e dominante é o empresário da produção industrial. E o objetivo deste é vender seus produtos, para o que a situação criada pelo pacto é desfavorável. O monopólio comercial de que não participa diretamente, porque não é comerciante, não lhe traz benefício algum; pelo contrário, restringindo as relações mercantis, efeito ordinário de todo monopólio, dificulta o acesso aos mercados, que é tudo quanto o interessa. O monopólio português, no plano internacional, apresentava-se particularmente vulnerável. Isso porque era puramente parasitário, pois o reino, não se tendo desenvolvido industrialmente, situara-se como simples intermediário entre a colônia, de um lado, e os grandes mercados compradores de gêneros primários e centros internacionais da produção industrial, de outro. Além disso, encabeçava-o uma monarquia decadente e já sem força relativa e expressão no cenário mundial. Não tinha condições, assim, para assegurar e manter aquela posição monopolista e parasitária, contra os poderosos interesses que a nova ordem capitalista projetara para um primeiro plano e que encontravam na Grã-Bretanha, precisamente a aliada e protetora do reino português, suas principais bases. De outra parte, o sistema colonial português se achava inteiramente roído de contradições graves que o punham em xeque. De fato, ele operava unicamente em benefício do reino e com sério prejuízo para a colônia, que se via tolhida em seu desenvolvimento (para não referir aqui outras circunstâncias sociais e políticas perturbadoras da vida da colônia) pelo fato de ter sua sorte na dependência de uma metrópole decadente que nada podia oferecer em matéria de novas iniciativas e impulsos e que, pelo contrário, desviava em seu benefício todos os recursos e as atividades da colônia.

É assim, sob o impacto dessas contradições externas e internas que atingem seu clímax nos primeiros anos do século passado, que o sistema colonial em que se incluía o Brasil sofre seus primeiros golpes decisivos. Sucumbem desde logo (não nos importando aqui as circunstâncias históricas particulares em que isto ocorreu) o isolamento da colônia e o domínio político-administrativo português, para darem lugar a um novo equilíbrio político e econômico que se exprime essencialmente, de um lado, na organização do Estado nacional brasileiro integrado na nova ordem internacional do capitalismo; e, doutro, no desencadeamento de um processo que daí por diante comandará a evolução histórica e as transformações ocorridas até mesmo nos dias de hoje. Iniciada a desagregação do sistema colonial pelos fatos assinalados, o mais seguirá em sucessão contínua. Será toda a estrutura que nos vinha de três séculos de formação colonial que se abalará e deslocará: depois do monopólio do comércio externo e demais privilégios econômicos e restrições que caracterizam o sistema colonial português, virão os privilégios políticos e sociais, os quadros administrativos e a ordem jurídica da colônia. Mais profundamente ainda, será atingida a própria estrutura tradicional de classes e o regime servil. Finalmente, é o conjunto todo que efetivamente fundamenta e condiciona o resto que entra em crise. A saber, o sistema básico de um país colonial que, situado marginalmente, gira em órbita estranha, produzindo para exportar, e organizado não para atender a necessidades próprias da coletividade que o habita, e sim precipuamente para servir aos interesses alheios. É na base das contradições geradas por esse sistema, e que se precipitam por efeito da nova ordem econômica e política em que o país se integra, que resultará a progressiva transformação dele, em todos os seus aspectos, de colônia em nação livre e autônoma. O que, no plano econômico que particularmente nos interessa aqui, significa uma organização voltada essencialmente para o atendimento das necessidades próprias da coletividade que a compõe. Será um processo demorado – em nossos dias ainda não se completou –, evoluindo com intermitências e por uma descontínua sucessão de arrancos bruscos, paradas e mesmo, eventualmente, recuos momentâneos.

É essa a linha evolutiva que caracteriza a história brasileira desde princípios do século passado. Ela oferece um particular interesse para o assunto que centralmente nos ocupa, que vem a ser a teoria do desenvolvimento. Isso porque esta última fase de nossa história – fase que ainda vivemos no que provavelmente representa seus últimos momentos – constitui efetivamente a versão ou o paralelo brasileiro do "desenvolvimento" considerado pela teoria econômica. Embora não seja esse o critério dos economistas ortodoxos, para quem são sobretudo alguns dos elementos e das derivações do capitalismo industrial (acumulação capitalista, inversões, tecnologia etc.), bem como a aceleração recente do seu progresso, e não o sistema em conjunto e o próprio de seu dinamismo, que para esses economistas assinalam o desenvolvimento moderno, o fato é que esse "desenvolvimento" considerado na teoria é aquele que se configura já na eclosão do capitalismo industrial no fim do século XVIII. Momento que representa o ponto de partida de fase histórica característica que nitidamente se individualiza e se aparta de outros períodos anteriores de progresso e crescimento econômico verificados na história da humanidade. E que, daí por diante, e até hoje, não fez senão modificar-se quantitativamente e não qualitativamente, conservando sem solução de continuidade os caracteres essenciais e de conjunto que precisamente singularizam o capitalismo industrial. Caracteres esses que, em última instância, decorrem direta ou indiretamente, mas sempre em rigorosa continuidade, do fato de tornar a produção, e com ela o conjunto e a totalidade do processo econômico, função do capital (isto é, um agregado de valor) e sua circulação. Circulação essa que vem a ser uma sucessiva e cíclica passagem daquele valor-capital por diferentes formas que progressivamente ele assume, com o retorno, depois de cada ciclo, à sua formal inicial. Ou seja, como segue: DINHEIRO → FORÇAS DE PRODUÇÃO (bens de produção, força de trabalho, matérias-primas etc.) → PRODUTO ACABADO (mercadoria) → DINHEIRO → ...

É esse processo produtivo que essencialmente caracteriza a dinâmica do capitalismo industrial e, com ela, por força das implicações aí contidas, o conjunto da ordem instituída por esse capitalismo. E é daí que derivam, imediata ou mediatamente, todos os fatos e as circunstâncias que fazem ou fizeram do capitalismo o poderoso fator que ele foi, de crescimento econômico, progresso tecnológico e desenvolvimento que marcam e acompanham a sua evolução e o desenrolar da história contemporânea.

No que respeita ao Brasil que se integra na nova ordem internacional do capitalismo, como vimos, em decorrência de sua separação da antiga metrópole e libertação do monopólio comercial por ela imposto, o processo de desenvolvimento moderno cujas premissas então se estabelecem será sobretudo induzido e condicionado essencialmente por circunstâncias gerais exógenas. Isso decorre do fato de o Brasil entrar para a história contemporânea e passar a participante da nova ordem instituída pelo capitalismo industrial, na condição, que já era a sua, de uma área periférica e simples apêndice exterior e marginal dos centros nevrálgicos e propulsores da economia internacional. Era essa a posição do Brasil no antigo sistema comercial que antecedera a nova ordem, e de que esta última brotara. O Brasil conservará, na nova ordem, a mesma posição relativa. Mas haverá uma grande diferença, porque a antiga colônia, engastada no estreito e rígido sistema monopolista da metrópole portuguesa, entra agora a participar plenamente de um novo sistema de amplos horizontes. E é desse sistema e de um mundo bem distinto do anterior e em plena efervescência de progresso impelido pelo capitalismo industrial que receberá agora os impulsos, as iniciativas e os estímulos econômicos e culturais.

Assim, embora fundamentalmente o Brasil permaneça na sua posição periférica de simples fornecedor de gêneros primários ao mercado internacional, ele irá exercer essa função em condições e circunstâncias bem distintas. Já não se trata mais, portanto, de um simples prolongamento e continuação do passado, e sim de uma fase nova em que um mesmo mecanismo, embora em si idêntico ao do passado, se desenrola agora sob o impulso e o comando do desenvolvimento capitalista verificado nos centros do sistema internacional em que o país se enquadrara. O que lhe vai abrir novas perspectivas. A evolução histórica brasileira deixará de ser, como sempre fora no passado, tão somente a repetição monótona de ciclos econômicos sucessivos e essencialmente invariáveis, determinados por ocasionais conjunturas do mercado internacional e sem margem alguma para diversificação. Os novos ciclos que se abrem ou que, já vindos do passado, se prolongam pelo novo período já terão um novo caráter. Tenderão pelo menos para isso. Sobretudo o principal deles, o da cultura e da produção do café, que consideraremos adiante em particular e que, por sua excepcional importância, se singulariza e será de fato o motor principal e fundamental da economia brasileira. E terá sobre ela, e mesmo sobre o conjunto da vida brasileira, um excepcional impacto.

O que de original se introduz na evolução econômica brasileira, graças sobretudo ao novo condicionamento internacional em que ela se verifica, é a tendência para a sua transformação qualitativa. O considerável crescimento e a modificação quantitativa que as novas circunstâncias vigentes propiciam ao embora antigo e profundamente implantado mecanismo econômico do país – que é a sua função exportadora – levarão gradualmente à sua transformação qualitativa, que representará a libertação daquele exclusivismo exportador. Contudo, no curso desse processo, aqueles mesmos fatores derivados do enquadramento na nova ordem internacional do capitalismo que tinham proporcionado o crescimento econômico do país e o impulso inicial para a sua transformação qualitativa, aqueles fatores invertem a sua ação. De impulso ao crescimento e desenvolvimento, aquela ordem se faz obstáculo ao mesmo crescimento e desenvolvimento. E serão as contradições derivadas desse estado de coisas que promoverão, embora em novas circunstâncias e outro plano, a continuidade do processo evolutivo econômico-político a que estamos presentemente assistindo e que veremos com mais vagar nas conclusões do presente trabalho.

É todo esse conjunto que constituirá o que legitimamente podemos considerar a versão ou o paralelo brasileiro do moderno desenvolvimento, cuja especificidade em nosso caso dará ao processo um caráter bem distinto daquele que se observa em outros lugares, particularmente naqueles que comandam o sistema internacional do capitalismo, isto é, as economias dos grandes países industriais da atualidade que são as ordinariamente consideradas e inadequadamente adotadas pela teoria ortodoxa do desenvolvimento como modelo universal e invariável. Mas diferente, embora, e por profundamente que o seja, deverá por isso mesmo ser considerado na teoria geral do desenvolvimento. Sobretudo quando se trata de fundar nos dados e nas conclusões dessa teoria as diretrizes de uma política de desenvolvimento para o futuro dos países subdesenvolvidos – e do nosso em particular.

VIII

O que vimos no capítulo anterior foi, em suma, que a economia colonial brasileira, caracterizada essencialmente pela produção para a exportação de gêneros primários demandados nos mercados internacionais e organizada inteiramente nessa base – como também a estrutura social que sobre ela se ergue e é por ela condicionada –, não sofreu desde logo, com a separação da antiga metrópole e a extinção do monopólio comercial, modificação substancial. O Brasil continuará, nesse sentido, como era antes. Mas o que se modifica, e profundamente, é a ordem internacional em que o país e a sua economia se enquadram. Essa ordem é agora a do capitalismo industrial, ou capitalismo propriamente, que é acompanhado, ou antes se dispõe em um sistema de nível econômico muito mais elevado, dotado de forças produtivas consideravelmente mais poderosas, e dinamizado por intensa atividade sem paralelo no passado. Essas circunstâncias de que a economia brasileira passa a participar, embora não lhe sejam próprias e alcancem o país unicamente por via de indução, vão conferir-lhe, apesar disso, uma situação bem diversa da anterior. E os mesmos elementos de sua organização e estrutura, embora fundamentalmente idênticos, adquirem novo sentido e expressão. Em particular, a função exportadora, que se encontra na base da economia brasileira e que essencialmente a caracteriza, ganha outras dimensões. Tanto na produção, que é a sua origem, como no seu destino e na sua finalidade, que são os mercados internacionais, e assim igualmente nos elementos e setores subsidiários e complementares que a acompanham e amparam, a função exportadora adquire nova feição bem diversa dos modestos padrões do passado. Na nova ordem instituída pelo capitalismo, as áreas periféricas do sistema, onde se situa o Brasil, tornam-se elementos vitais para ela. Cabe-lhes o papel relevante e insubstituível que vem a ser o abastecimento de grande parte das matérias-primas necessárias à indústria que constitui o motor central do sistema, bem como, em maior proporção ainda, dos gêneros alimentícios necessários à subsistência dos grandes contingentes demográficos que a industrialização concentrara nos centros urbanos. Acresce a elevação dos padrões de vida e diversificação do consumo nos países industrializados. Tudo concorre, assim, para largamente ampliar o mercado internacional de gêneros primários, o que abre grandes perspectivas aos países que, como o Brasil, os produzem ou podem produzir.

Ao mesmo tempo que assim se expande a demanda de produtos primários, oferecendo novas e crescentes oportunidades a produtores como o Brasil, o sistema lhes proporcionará as condições e os meios necessários para delas se prevalecerem. A saber, a tecnologia, o aparelhamento comercial e financeiro sem o que essa larga ampliação da produção e seu encaminhamento aos mercados consumidores e distribuição por eles não se poderia realizar. São os recursos tecnológicos e financeiros, a iniciativa, os estímulos e a habilitação comercial engendrados pelo capitalismo e por ele postos à disposição da economia brasileira o que faz possível ao país estender e intensificar a sua produção, organizar o comércio, instalar o aparelhamento necessário à mobilização e ao transporte de seus produtos: estradas de ferro, instalações portuárias, navegação marítima. É graças a essas circunstâncias que a economia brasileira, adstrita embora, tanto como no passado, à simples função exportadora, logra ultrapassar suas mesquinhas perspectivas anteriores limitadas aos acanhados horizontes do sistema colonial português e ascender o novo plano. As novas dimensões adquiridas pela função exportadora, proporcionadas pelas largas oportunidades e possibilidades oferecidas na nova ordem internacional do capitalismo em que o Brasil se integrara, representam não somente para essa função, de projeção tão restrita no passado, um forte progresso quantitativo, mas ainda, por força das repercussões diretas e indiretas desse progresso, desencadeiam um processo de desenvolvimento que se reflete no conjunto da vida econômica e social do país. O ritmo de crescimento econômico do Império e as modificações verificadas na vida institucional brasileira no correr desse período contrastam vivamente com o relativo imobilismo e a invariância observados na evolução anterior. Esse processo de crescimento e transformação se prolongará, com intensidade cada vez mais acentuada, na continuação desse período, politicamente assinalada pela instituição da República, quando então se afirmam nitidamente as premissas do desenlace final do mesmo processo e que será a transformação radical da economia brasileira e o ingresso dela em nova situação efetivamente liberta da tradição colonial.

A instância máxima em que se verificam as novas dimensões adquiridas pela função exportadora e o papel que isso terá sobre a dinâmica da evolução econômica do Brasil será o caso, entre todos os demais tão preeminente, do café. Aliás não só instância máxima, e sim, pode-se dizer, circunstância singular em que o papel de simples fornecimento do mercado internacional de um gênero primário se fará, pela expressão quantitativa que alcança e repercussões diretas e indiretas que provoca, se fará alavanca e propulsora de alterações tais da economia brasileira, que por si já bastaria para propor as premissas da radical transformação dela. A produção e a comercialização do café, bem como as atividades e os fatos do maior relevo que elas determinam, têm na evolução econômica brasileira – e podemos acrescentar, na evolução social e até mesmo política – um papel ímpar. Para certificar-se disso numa observação de conjunto e de fácil compreensão, é suficiente notar como se diferenciam as regiões brasileiras em função da economia cafeeira, levando rapidamente o seu principal centro, que é São Paulo, que em meados do século passado era ainda uma província de segunda ordem, para a excepcional e verdadeiramente única e incontrastada posição que ocupa no conjunto do país já em fins do século. Posição essa que não perderia mais, e que se foi mesmo acentuando, graças ao impulso adquirido que a economia do café lhe proporcionara.

Desde meados do século passado, o café se faz gênero de considerável e crescente demanda nos grandes mercados internacionais – em especial nos Estados Unidos, precisamente o mercado que se estava projetando como de maior expressão mundial; circunstância esta que teria particular importância na brilhante conjuntura que se apresentaria ao café. E, embora produzido com relativo vulto desde longa data – já no século XVIII – em regiões largamente disseminadas na zona tropical e originário de região geográfica bem distante e diversa do Brasil, o café encontrou aqui condições excepcionais de prosperidade que deixaram os concorrentes muito longe.

O concurso dessas circunstâncias oferece ao Brasil uma oportunidade realmente excepcional e sem paralelo em nossa história, o que fez com que na produção e na exportação do café se concentrassem, em grandes proporções, esforços e recursos. O café será de longe o principal foco das atenções do país – e também internacionalmente, no que respeita ao Brasil – desde o último quartel do século passado. E, assim estimuladas, pode-se dizer que as forças econômicas brilhantemente se aproveitaram da oportunidade oferecida, realizando o que, na concisa expressão de Roberto Simonsen, "constitui um dos maiores cometimentos agrícolas de todos os tempos, honrando um povo e uma nação"[1].

Não há, contudo, que subestimar a participação, no grande sucesso do empreendimento, das circunstâncias da época e a situação que se criara para o Brasil por efeito da extinção do monopólio comercial e do isolamento político em que o país se mantivera até a Independência. Os recursos naturais do país e a conjuntura altamente favorável que se apresentara para o café nos mercados internacionais nunca assegurariam, por si sós, aquele sucesso. A lavoura cafeeira se instala primeiro no vale do Paraíba, na sua seção que, a partir da altura do Rio de Janeiro – a capital do país donde parte o impulso –, se estende acima de Taubaté. Afora as condições naturais aí encontradas, o que sobretudo favorece essa localização é a relativa facilidade do transporte do produto, isto é, o alcance próximo dos portos litorâneos de embarque: além do Rio de Janeiro, Angra dos Reis, Paraty, Ubatuba, Caraguatatuba, São Sebastião. Proximidade essa que se impunha em face do rudimentar sistema de transporte terrestre então utilizado e único possível: o lombo de burro. Tivessem tais condições prevalecido, o

---

[1] Roberto C. Simonsen, *A evolução industrial do Brasil* (São Paulo, [Fiesp,] 1939), p. 16.

Brasil evidentemente nunca atingiria nada que mesmo longinquamente se assemelhasse à culminância a que chegou como produtor de café. Faltar--lhe-ia a primeira condição para isso, que vinha a ser o espaço geográfico necessário e que a montanhosa região da bacia do Paraíba, engastada na Mantiqueira e na serra do Mar, com seus vales apertados entre elevações abruptas e terrenos desunidos, não podia oferecer.

O grande cenário geográfico das lavouras cafeeiras não será esse, e sim os largos espaços do planalto paulista, situados mais para o interior e afastados do litoral e que, além de sua favorável topografia, apresentariam solos da mais alta qualidade, em particular a famosa *terra roxa*. O que permitirá o acesso a essas regiões e o estabelecimento nelas de lavouras rentáveis e a custos sem paralelo em qualquer outro lugar (que foi o que assegurou o quase monopólio brasileiro, mais especificamente paulista) serão as estradas de ferro. A expansão cafeeira que marcará em todo centro-sul do país, particularmente em São Paulo, o avanço e a instalação do povoamento, essa expansão se ligará de tal forma ao traçado das ferrovias (ou antes o inverso, pois são as ferrovias que acompanham a expansão) que as diferentes zonas em que se dividirá a província serão batizadas com o nome das linhas de estradas de ferro que as percorrem, nomes que conservarão até hoje: Paulista, Mogiana, Alta Paulista, Sorocabana, Noroeste etc. Fato talvez único em toda a toponímia universal.

Na instalação das ferrovias que servem as lavouras cafeeiras, a participação da iniciativa, tecnologia e capital estrangeiros são de grande importância, o que assinala o concurso, a que nos referimos antes, que o fato da integração do país no sistema capitalista internacional representaria para o fomento da economia brasileira. Uma das principais linhas, que percorre a primeira grande zona produtora de café do planalto paulista, a Companhia Paulista de Vias Férreas e Fluviais, hoje Companhia Paulista de Estradas de Ferro[2], é de iniciativa e capital locais, precisamente de

---

[2] O acréscimo da qualificação "fluviais", depois suprimida, foi infelizmente pouco mais que uma intenção, pois as "vias fluviais" empregadas não passaram de um pequeno trecho do rio Mogi Guaçu (da atual cidade de Porto Ferreira, que daí tirou seu nome, até a confluência do rio Pardo), abandonado em princípios do século.

um grupo de fazendeiros de Campinas, centro geográfico daquela zona. Mas contará com financiamento e assistência técnica de ingleses. A outra linha de especial importância, pois dá acesso ao litoral, ligando Santos a Jundiaí, que é a "porta" do planalto cafeicultor, é a São Paulo Railway (SPR), de iniciativa de Mauá, que conta com os banqueiros ingleses seus associados para levar adiante o empreendimento. A SPR será, aliás, propriedade inglesa até depois da Segunda Guerra Mundial.

As demais ferrovias – salvo a D. Pedro II, depois Central do Brasil, que é do governo imperial – são de iniciativa e capital estrangeiros. O condicionamento externo da economia brasileira também contribui para o grande vulto atingido pela produção cafeeira, e aí decisivamente, por meio das facilidades comerciais que lhe proporciona. Já não falemos da distribuição do produto pelos mercados consumidores, inteiramente fora do alcance das possibilidades brasileiras. A exportação também caberá a firmas estrangeiras, graças aos contatos internacionais de que as nacionais ainda não dispunham. No que se refere ao financiamento do negócio, também a participação do capital estrangeiro é apreciável. Já nestes últimos setores, contudo, a comercialização e o financiamento da economia cafeeira, sobretudo em suas primeiras fases, o papel da iniciativa e dos empreendimentos de brasileiros é considerável e, mesmo, logo de início, decisivo e quase único. Em relação às inversões para instalação das lavouras de café (assunto ainda pouco pesquisado e mais conhecido ainda por simples tradição oral e de família), parece fora de dúvida que foi o capital local que realizou a maior parte e quase toda a tarefa. Isso é bastante seguro no que se refere às lavouras do vale do Paraíba. Relativamente ao planalto paulista, também predominam os recursos de capitalistas locais. Há notícias, no entanto, de financiamentos de bancos europeus, ingleses e franceses. Quando não diretamente aos fazendeiros, indiretamente por meio do financiamento realizado pelos *comissários* que são os agentes comerciais intermediários entre produtores e exportadores.

Nesse setor da comercialização, salvo o caso já referido de sua última etapa no país, que é a exportação, a iniciativa é via de regra nacional, embora aí a participação direta ou indireta de fontes estrangeiras de financiamento seja importante. E no que respeita o principal, que é a instalação das culturas (as fazendas de café), isto é, pode-se dizer, genuína e integralmente brasileira, não só no referente ao capital necessário, que é em regra, como se referiu, de origem nacional, mas também no que respeita ao empreendimento propriamente: a iniciativa, a direção técnica, o manejamento. As empresas cafeeiras de estrangeiros são praticamente inexistentes. As raríssimas exceções de que se tem notícias são, aliás, de época posterior aos primeiros tempos e já bem chegada a nós, talvez princípios do século.

Essas circunstâncias em que se constitui a economia do café no Brasil são muito importantes de notar, porque assinalam certos traços distintivos que nos singularizam (se bem que não sejamos os únicos no caso) entre a maior parte dos países que formam o mundo periférico do sistema internacional do capitalismo estabelecido no correr do século passado. Distinguimo-nos em especial de colônias, semicolônias e países dependentes da Ásia e da África que também se integram naquele sistema para nele figurarem, à semelhança, nisto, do Brasil, como fornecedores internacionais de gêneros primários. Mas o que destaca o Brasil, e outros que com ele nisto se assemelham, é que entre nós a intervenção por assim dizer "empresarial" de nacionais na produção dos gêneros exportáveis de nossa especialidade, bem como nas atividades complementares, constitui elemento de primeiro plano que se emparelha com o concurso e o condicionamento externo, para configurar, em conjunto com essa participação externa, um tipo especial de economia bem caracterizada no conjunto deste mundo periférico do sistema internacional do capitalismo. Há como uma associação, ou melhor, integração em conjunto, em que ambas as partes intimamente se engrenam uma na outra, funcionando como um todo coerente. E não se dá, como ocorre naqueles países referidos da Ásia e da África, uma estratificação em que as partes constituintes se acham bem separadas e conservam cada qual sua inteira individualidade.

Essa resultante característica da integração econômica brasileira no sistema internacional do capitalismo se deve essencialmente ao fato que já vimos assinalando ao longo de todo este trabalho, de o Brasil se achar incluído já antes de sua integração no moderno sistema internacional do capitalismo industrial, e isso por força de sua própria formação, dentro de um sistema semelhante (no que respeita ao Brasil) àquele que o sucedeu e que vem a ser o do capitalismo comercial. O Brasil já formava então uma economia caracterizada essencial e fundamentalmente pela sua função exportadora de gêneros primários produzidos especialmente com tal finalidade. O país se constituíra especificamente para atender a esse objetivo, e a ele se reduzia o essencial e substancial de suas atividades. Isso o predisporia para idêntica função na nova ordem. E assim era não somente no que respeita a sua organização econômica, mas também à estrutura social determinada por essa organização. A saber, uma disposição de classes fundamentalmente assente em dois extremos e polos opostos: de um lado, proprietários e empresários da colonização e negócio que consistia em produzir e fornecer gêneros primários ao comércio internacional; de outro lado, trabalhadores sem outro estatuto e perspectiva que contribuírem com sua força de trabalho para a realização do mesmo negócio.

Tratava-se em suma, no caso do Brasil, de economia e sociedade já estruturadas e inteiramente condicionadas para a realização de objetivos mercantis idênticos àqueles que a nova ordem capitalista iria delas exigir. Daí a sua predisposição para se integrarem naquela ordem sem atritos e sem necessidade de rompimentos ou remanejamento de instituições econômicas e sociais mais ou menos inajustáveis à nova ordem, como ocorreu naqueles citados países da Ásia e da África. Naqueles continentes, velhas culturas e instituições originais formadas e consolidadas inteiramente à parte e independentemente do capitalismo e da civilização e da cultura onde o capitalismo se originou apresentaram, por isso mesmo, muito sérios obstáculos e, pois, grande resistência à penetração do novo sistema. Isso, pelos motivos apontados, não ocorreu nem havia motivo para que ocorresse no Brasil. Aqui não somente não houve resistência, mas ainda os impulsos e os estímulos partidos de ambas as esferas, a externa, que é o sistema, e a interna, que são as condições específicas do Brasil, se somam harmonicamente ou, antes, se integram em conjunto para impelirem o crescimento da função exportadora e, em consequência, as forças produtivas e a economia em geral do país assentes naquela função.

Desse crescimento brotarão mais tarde novas contradições que em fase subsequente vão impelir o processo de desenvolvimento brasileiro noutro sentido. É o que veremos e que nitidamente se destaca no caso do café. Mas não é somente o progresso da economia cafeeira que leva adiante o processo. Outros gêneros também contribuem para alimentar a função exportadora que lastreia a economia brasileira e essencialmente condiciona seu desenvolvimento. Alguns desses gêneros já vinham de fase anterior, em especial, naturalmente, o açúcar de cana que, embora perdendo progressivamente terreno nos mercados internacionais em face dos concorrentes de outros países – aos quais se vieram acrescentar os produtores de açúcar de beterraba, que, no último quartel do século, supera o açúcar de cana –, ainda participará apreciavelmente da pauta de exportação brasileira até pelo menos o último quartel do século. Assim também o algodão, que terá mesmo significativo surto de progresso quando a Guerra de Secessão nos Estados Unidos desorganiza a produção dos então maiores fornecedores internacionais que eram os estados sulinos daquele país. O mesmo ocorre com o cacau, cujo mercado internacional se expandirá consideravelmente na segunda metade do século graças à difusão do consumo do chocolate. O Brasil se torna o principal fornecedor desse mercado, posição que somente perderá nos primeiros anos do século atual. E para atender a essa demanda, o cacau, antes extraído na floresta Amazônica, de onde é nativo, será cultivado no sul da Bahia (Ilhéus).

A par desses e de alguns outros produtos tradicionais, novos gêneros virão acrescentar-se às exportações brasileiras no correr do século, como em especial a borracha, cujo êxito, que chegará a ombrear um momento com o próprio café, se estenderá até o segundo decênio do século atual, quando bruscamente declina e submerge na maior das catástrofes verificadas na história econômica brasileira, que lhe inflige a concorrência da borracha oriental[3].

Restringimo-nos aqui, contudo, à consideração mais pormenorizada do café, que, pelo seu considerável valor comercial, tanto relativo aos

---

3   Para a análise da participação relativa na exportação brasileira de seus diferentes itens, ver Hélio Schlittler Silva, "Tendências e características gerais do comércio exterior no século XIX", *Revista de História da Economia Brasileira*, n. 1, jun. 1953.

demais produtos brasileiros como também absoluto em termos internacionais, bem como pela continuidade, sem interrupção de significação decisiva, de seu progresso, é que realmente dá o tom geral da economia brasileira e de seu desenvolvimento no correr de toda essa fase que estamos considerando e que se estende até pelo menos a grande crise de 1929. A expansão cafeeira, por força das excepcionais e efetivamente notáveis circunstâncias conjunturais que a condicionam e a que nos referimos anteriormente, constituirá um processo autoestimulante e cumulativo, o que explica o seu grande ímpeto. É certo que ela também sofre, como toda produção capitalista, de um caráter cíclico e se interrompe sucessivas vezes por crises de superprodução. Mas é somente a última delas, que coincide e é precipitada pelo grande *crack* da Bolsa de Nova York de outubro de 1929, que interrompe definitivamente a expansão. Até aí, ela prossegue em ritmo acelerado, recuperando-se rapidamente das dificuldades e das crises que a assaltam. E, mesmo depois de 1930, e até hoje, o café continua representando o fundamento básico em que assenta a vitalidade da economia brasileira. Essa marcha da produção cafeeira se explica direta e imediatamente pela sua alta rentabilidade. Rentabilidade que, além de provocar a concentração nela da maior e melhor parte dos recursos e esforços do país – o que contribuiu para desviá-los de outros empreendimentos e assegurar, assim, ainda mais a primazia cafeeira –, proporcionou uma forte acumulação de capital, que, em boa parte, se invertia na expansão das lavouras e atividades complementares. Renovava-se e se ampliava com isso o negócio que, assim autoimpulsionado, progrediria a passos de gigante, carreando para o Brasil uma riqueza que fará o país, ou pelo menos algumas de suas regiões, conhecer pela primeira vez o que fosse real prosperidade, riqueza e bem-estar material. Trata-se, é certo, de uma riqueza bastante concentrada. Mas nas camadas sociais em que essa concentração se verifica, o Brasil deixará pouco a desejar dos grandes centros internacionais da época. Os grandes fazendeiros de café e demais que participam das altas esferas do negócio serão homens de fortuna avultada, cujo trem de vida os emparelha às classes abonadas já não diremos dos Estados Unidos – estamos na época, último quartel do século XIX e até a Primeira Guerra Mundial, dos multimilionários norte-americanos, com toda a sua suntuosidade e extravagância de novos ricos a quererem embasbacar seus primos camponeses e trabalhadores europeus –, mas certamente da Europa.

Essa concentração da fortuna não impede, contudo, que os efeitos da riqueza produzida pelo café se irradiassem e difundissem, embora amortecidos – mas assim mesmo bastante significativos, sobretudo quando confrontados com os níveis de épocas anteriores –, por outros setores da vida brasileira. Isso particularmente em consequência do fato de que o enriquecimento direta ou indiretamente proporcionado pela produção e pela exportação do café determina, nos principais centros do negócio, e em São Paulo em particular, uma ampliação geral da demanda e do consumo de bens econômicos e, pois, um crescente mercado local que abre oportunidades para outros negócios e atividades. Em suma, uma larga intensificação da vida econômica, da qual, entre outros, o crescimento da cidade de São Paulo e sua grande vitalidade já desde os últimos anos do século passado, coisa sem precedentes ainda no Brasil, são um sintoma bem marcante.

Mas não são somente São Paulo e outras regiões produtoras de café que se beneficiam da riqueza carreada e acumulada pelo produto. A generalidade do país se aproveitará dela indiretamente. Assim, o Nordeste, por exemplo, encontrará em São Paulo escoamento, entre outros, para seu açúcar, ao qual se fechavam progressivamente os mercados externos. O mesmo se dá com o algodão. E os estados do extremo-sul, que nunca tinham contado com um produto exportável de grande expressão e que por isso sempre figuraram no conjunto brasileiro em apagado plano, encontrarão uma sólida base e estímulo para seu crescimento econômico no mercado oferecido por São Paulo para seus produtos agropecuários. E mais tarde também para as suas manufaturas.

Outra via pela qual a riqueza cafeeira se disseminaria de São Paulo para o resto do país é a via fiscal, isto é, por meio das finanças do governo imperial e, em seguida, das finanças federais, cuja arrecadação realizada na maior parte em São Paulo se distribui, também na maior parte, pelo Brasil afora com a realização de obras públicas e o pagamento de desproporcionado funcionalismo federal que se espalha pelo território nacional levando-lhe recursos financeiros que de outra forma não teria onde buscar. Em boa parte do país, as verbas federais cuja fonte, em última instância, se encontra quase sempre no café, constituiriam, como ainda constituem, embora em menores proporções, um dos principais recursos financeiros locais, e mesmo frequentemente o principal.

A economia cafeeira se fará também estímulo para a indústria manufatureira. É verdade que a produção do café não apresenta diretamente um poder germinativo apreciável. Já o notara Roberto Simonsen[4] quando afirma que o cafeeiro é uma planta de caráter permanente que dispensa, portanto, instrumentos aratórios; e que o benefício e o tratamento do produto se fazem em máquinas não só relativamente simples, mas em cuja composição entra mais madeira que metal, não constituindo por isso estímulo apreciável para a produção metalúrgica e mecânica que foram em toda parte os grandes incentivos básicos da industrialização. Contudo, a produção do café impulsionou a fabricação daquelas máquinas de benefício e tratamento que atingiu bastante importância. Também deu lugar à nossa primeira grande indústria têxtil moderna: a da fiação e tecelagem da juta empregada na sacaria em que o café é acondicionado para a exportação.

Onde, contudo, a economia cafeeira tem papel decisivo no fomento da indústria manufatureira é no fato de lhe proporcionar em boa parte alguns dos elementos essenciais e condições indispensáveis para a sua implantação e o seu crescimento. Não somente o mercado consumidor de seus produtos, que se constitui sobretudo na base da riqueza que a economia cafeeira direta ou indiretamente proporciona, mas ainda o capital que se acumula na produção do café e se inverte na indústria, bem como, finalmente, o espírito empresarial (que é o apelo do lucro e a habilidade em localizar-lhe as eventuais fontes mais fecundas), que, aguçado e apurado na empreitada do café, vai desaguar na indústria. A melhor comprovação, em conjunto, do papel da economia cafeeira no processo da industrialização brasileira está no fato, tão patente e claro, de que é em São Paulo que aquele processo toma impulso e efetivamente

---

[4] Roberto C. Simonsen, *A evolução industrial do Brasil*, cit., p. 15-7.

se desenvolve, embora São Paulo, até o advento da República, estivesse atrás, em matéria de indústria, de outras províncias, em particular das do Nordeste e mesmo do Maranhão, que se tinham adiantado graças à produção local relativamente grande do algodão, matéria-prima do ramo industrial que primeiro encontrou clima favorável no Brasil para dar lugar a uma indústria expressiva: a fiação e a tecelagem daquela fibra.

De todas as consequências diretas ou indiretas (mas em sucessão imediata) derivadas do considerável e tão rápido progresso da economia cafeeira verificado no Brasil, a mais importante e de efeitos mais amplos e profundos na vida do país foi sem dúvida o papel que teve na abolição do trabalho servil e na instituição generalizada do trabalho livre, bem como nesse outro fato tão intimamente associado à abolição e que vem a ser a afluência massiva de imigrantes europeus já desde meados, mas sobretudo a partir do último quartel do século passado. Aquele papel foi decisivo, e procuraremos em seguida sumariar as circunstâncias específicas em que ele se verificou.

Efetivamente, foi a demanda de mão de obra necessitada pela extensão das lavouras de café e pelo aumento da produção que fez buscar o suprimento dela na imigração europeia. Lembre-se de que o café, depois de se transferir para o planalto paulista, e sobretudo quando se internou para o norte na direção do vale do rio Mogi Guaçu e para o oeste do atual traçado da linha tronco da Companhia Paulista de Estradas de Ferro, se instalou em plena floresta virgem e áreas quase ou totalmente desertas – salvo uma rala população indígena que foi recuando e fugindo em face do avanço da ocupação, não tendo, assim, participação alguma no empreendimento, com a exceção de sua eventual e muito débil hostilidade. A mão de obra tinha, assim, que ser toda ela trazida de fora.

Seriam naturalmente escravos. Mas também aí a situação não se apresentava nada favorável. Com a cessação do tráfico africano em 1850, o número de escravos vinha em declínio, uma vez que, nas condições em que viviam, o seu crescimento vegetativo era negativo. Assim sendo, a demanda de mão de obra da lavoura de café suscitaria sérios problemas, não somente a forte alta de preço dos escravos, o que desequilibrou as finanças de todas as demais atividades, como o dreno a que sujeitou as demais regiões do país, em particular as do Nordeste, cuja decadente economia açucareira não podia suportar a concorrência paulista e se viu progressivamente privada de trabalhadores.

Mesmo assim, a demanda da lavoura cafeeira não se achava satisfeita. A exigência de braços que impunha o rápido e intensivo crescimento dela não tinha limites. Era preciso uma solução mais ampla e radical. Ela será procurada na imigração europeia – depois de uma abortada tentativa de trazer *coolies* asiáticos que não foi por diante devido à oposição da Grã-Bretanha. A imigração europeia não foi, assim, entre nós fato espontâneo e natural, como aquela que na mesma época se verificou nos Estados Unidos. Aqui ela foi provocada, estimulada, planificada e deliberadamente promovida. E até mesmo, em boa parte, subvencionada, pagando-se a passagem e demais despesas dos imigrantes desde seu lugar de origem, fosse embora nalguma perdida aldeia dos Apeninos, até as fazendas.

A imigração europeia traria outros problemas. Verificou-se logo a incompatibilidade do trabalho em conjunto de imigrantes livres e trabalhadores escravos. Tanto mais que a presença da escravidão comprometia as correntes imigratórias, tão necessárias para o progresso do verdadeiramente único setor dinâmico da economia brasileira na época. Esse conjunto de circunstâncias concorre poderosamente, e pode-se mesmo dizer que decisivamente, para a abolição da escravidão. Verifica-se por aí como estão ligados esses fatos máximos da história brasileira do século passado que são a libertação jurídica do trabalhador e a imigração europeia, ambos relacionados intimamente com a expansão cafeeira.

Para o que mais nos interessa aqui imediatamente, a abolição e a imigração têm uma consequência de ordem econômica da maior importância e de considerável impacto, que vem a ser o impulso que trazem para a ampliação do consumo de bens econômicos e o crescimento do mercado interno. A abolição, porque transformando escravos em livres vendedores de força de trabalho e, portanto, detentores de dinheiro, gera 700 e tantos mil novos compradores – numa população total do país que andava em torno de 10 milhões. A imigração, por sua vez, porque é de europeus que, embora originários sobretudo de regiões relativamente pobres e de baixo nível econômico, introduzem no Brasil padrões de comportamento e de consumo de ordem consideravelmente superior à presente na massa popular e trabalhadora do país. Os imigrantes e talvez ainda mais o seu exemplo determinam, por isso, uma pronunciada elevação das aspirações e das exigências populares, primeiro e decisivo passo para a conquista de melhores condições de vida e, pois, um consumo ampliado. O efeito disso não demorará em se fazer sentir, e entre as regiões brasileiras que receberam ou não contingentes apreciáveis de imigrantes europeus logo se verificará um acentuado contraste nos padrões respectivos de vida. As consequências da abolição e da imigração, no que respeita ao mercado interno, somam-se assim às circunstâncias já aqui assinaladas na mesma época para proporcionarem a esse mercado um acentuado crescimento.

Esse rápido apanhado que fizemos do impacto produzido pela situação criada no país em consequência da nova ordem introduzida com a libertação da antiga colônia, e em especial e diretamente pela considerável amplitude da produção e exportação do café, teve por objetivo unicamente assinalar o crescimento desde então verificado na economia brasileira. Embora resultante e expressão da mesma função exportadora em que assenta e de que essencialmente constitui a economia brasileira desde os primórdios da colonização, esse crescimento atinge tais proporções e, em consequência disso, determina tais modificações que acaba por comprometer a própria estabilidade e permanência daquela economia fundada na exportação. A análise das circunstâncias específicas que caracterizam esse comprometimento será o objeto do próximo capítulo.

IX

O crescimento da economia brasileira, como função da exportação de produtos primários, mantém seu ritmo, embora entrecortado de oscilações e crises mais ou menos violentas, até a grande crise mundial desencadeada pelo *crack* da Bolsa de Nova York, em outubro de 1929, quando a brusca queda de preços dos gêneros primários no mercado internacional, e os do café em particular, inaugura um decênio de acentuado retrocesso e abre uma nova fase da evolução econômica do país. Mas, até aquele momento, o crescimento se manteve. Às exportações de café, que tinham constituído o fator básico do progresso realizado, acrescentaram-se, entre outras, mas particularmente, estas: a da borracha (cujo ponto culminante, seguido de rápido declínio, é atingido em 1911) e a do cacau, mais estável e que continuaria, embora em plano modesto, a alimentar apreciavelmente a economia brasileira até os dias de hoje. Depois de 1930 e do definitivo comprometimento desta economia de exportação que praticamente absorvera a vida do país até então, virá ainda trazer-lhe algum reforço, mas sem grande expressão e mais como um paliativo momentâneo, o algodão. E assim outros gêneros primários que se acrescentam e sucedem na pauta das exportações brasileiras, mas todos de expressão relativa medíocre, e com nada que se comparasse, mesmo longinquamente, com as realizações do café. Estava definitivamente encerrada a brilhante trajetória passada da economia brasileira como função da exportação de gêneros primários. Concorrem para isso diferentes fatores que se somam ao fato de que não havia mais condições para a repetição, no comércio internacional de gêneros primários, de conjuntura tão excepcionalmente favorável quanto fora a oferecida ao Brasil pelo café desde o último quartel do século passado, isto é, a de produtor quase monopolista de um gênero de alto valor e de considerável e crescente consumo internacional. De um modo geral, para todos esses gêneros (com a exceção única do petróleo), o ritmo de expansão do consumo alcança um teto que não oferecerá mais perspectivas apreciáveis de superação, o que decorre não somente da diversificação daquele consumo (donde a multiplicação das fontes produtoras), como da substituição dos gêneros tradicionais por sucedâneos e sintéticos. A progressão do consumo de café será particularmente atingida pela difusão de outras bebidas, em especial as industrializadas. Ao mesmo tempo que a afluência de concorrentes, muitas vezes beneficiados por situações políticas favoráveis (como se dá com relação às ex-colônias europeias da África), desvia do Brasil uma proporção crescente de seus eventuais clientes. Em suma, as perspectivas de uma economia exportadora de gêneros primários se reduzem cada vez mais, e a tendência se mostra irreversível. O Brasil sofrerá duramente as consequências dessa situação, tanto mais que ela se vai acentuando em paralelo ao crescimento das necessidades do país e de sua população, assunto que consideramos no capítulo anterior. Nos quadros do tradicional sistema econômico do país, voltado essencial e fundamentalmente para a produção de gêneros exportáveis, e mal aparelhado, por isso, para servir ao mercado interno, aquela expansão do consumo teve de ser atendida por importações crescentes. Somam-se a essas importações os demais pagamentos a serem efetuados no exterior e resultantes do funcionamento da economia brasileira dentro da ordem internacional do capitalismo em que ela se integrara, como sejam, o serviço de empréstimos públicos e financiamentos privados, a remuneração de inversões estrangeiras realizadas no país, o pagamento de serviços etc. Com o desenvolvimento do país e a participação crescente, que o acompanha, de interesses financeiros internacionais em nossas atividades econômicas, tais compromissos se avolumam. E é somente com os recursos derivados da exportação que poderão ser normalmente atendidos.

É certo que, depois dos anos de depressão posteriores à crise de 1929, as exportações brasileiras de produtos primários se recuperam e crescem mesmo apreciavelmente em valor absoluto. Muito aquém, contudo, das necessidades financeiras do país, o que se observa no fato do declínio dos saldos do nosso comércio exterior. Tomando-se períodos decenais, esses saldos, depois de crescerem ininterruptamente durante toda a segunda metade do século passado, atingem seu máximo no primeiro decênio do século atual, declinando em seguida, para se recuperarem momentaneamente entre 1941 e 1950 (reflexo sobretudo da guerra) e se tornarem negativos no decênio seguinte. Desde 1957 até 1963, a balança comercial é deficitária, o que se reproduz em 1967 e novamente em 1971.

No que se refere ao conjunto das contas externas, a situação é muito mais grave. Não existem dados razoavelmente seguros acerca dessas contas senão posteriormente a 1947, quando começam a ser oficialmente calculadas. Mas o sentido em que evoluem desde longa data, desde sempre, pode-se dizer, e acentuando-se cada vez mais, se avalia facilmente pelo ritmo crescente do endividamento externo do país, endividamento que não é compensado por haveres no exterior, e sim unicamente por umas parcas e inseguras reservas de ouro e divisas que não vão além, no momento presente, de uns 400 e tantos milhões de dólares. Isto é, praticamente nada em termos de acumulação de haveres, e que mal basta para atender a desequilíbrios momentâneos. Esse endividamento crescente reflete claramente o fato do funcionamento deficitário da economia brasileira em conjunto. E ele próprio reforça continuamente esse déficit, pois resulta em progressivo aumento de despesas no exterior sob forma de juros e amortização dos novos débitos que vão sendo contraídos para saldar débitos anteriores. Note-se que, a esse endividamento financeiro regular e computado como tal, há que acrescentar os haveres estrangeiros no Brasil, isto é, capitais invertidos no país e de que são titulares empresas internacionais que aqui operam. O montante desses capitais tem vindo sempre em aumento – em boa parte como resultado da acumulação e da reinversão dos proventos aqui mesmo auferidos por aquelas empresas –, sobretudo a partir da Segunda Guerra Mundial e notadamente depois de 1950. Num balanço geral da economia brasileira e de seu comportamento dentro do sistema geral do capitalismo internacional em que ela se enquadra, é preciso levar isso em conta. O fato constitui um dos elementos daquele sistema e da posição periférica e dependente que dentro dele ocupamos, a par da função exportadora em que fundamentalmente se assentou a economia brasileira. As inversões no Brasil do capitalismo internacional e as operações de suas empresas aqui estabelecidas, tanto quanto os demais laços que a ele e dentro dele nos prendem e que se traduzem financeiramente nos débitos de nossa balança de contas externas – para o que tais inversões também concorrem diretamente, por sua vez, com o pagamento de lucros e outras formas de remuneração do capital aplicado –, aquelas inversões representam complementos orgânicos do sistema geral da economia brasileira e da função exportadora sobre que ela basicamente se estruturou. Ambos resultam do funcionamento desequilibrado da economia brasileira e, ao mesmo tempo, contribuem para esse desequilíbrio.

O agravamento do desequilíbrio põe cada vez mais em evidência, fazendo sentir suas graves consequências, o enfraquecimento da função exportadora que essencialmente alimenta, estimula e impulsiona a economia brasileira. O crescimento econômico do país, resultado, em essência, do impulso que a função exportadora lhe imprime, acabará por ultrapassar-lhe a potencialidade. Desse crescimento resultará, em particular, como vimos e para o que nos interessa aqui especialmente, a par da larga ampliação das necessidades do país e de sua população, o aumento desproporcionado dos compromissos relativos à ordem internacional do capitalismo em que o país se integra. O velho sistema, assente na exportação de gêneros primários, mostrava-se insuficiente para fazer frente à nova conjuntura que assim se criara. Daí o crescente desequilíbrio verificado. E os mecanismos de compensação que tal situação de desequilíbrio põe em jogo irão dar lugar a novas formas que abrem perspectivas para outro tipo de economia que, é de esperar, revolucionará e dará por terra com o tradicional e anacrônico sistema brasileiro.

O efeito direto e imediato do desequilíbrio crônico de nossas contas externas será a progressiva e contínua desvalorização cambial da moeda, que se acentua fortemente no último decênio do século passado e se precipita depois de 1930 em consequência da crise mundial então verificada e que profundamente afetou a economia brasileira com a brutal queda de suas exportações. Essa desvalorização, encarecendo os produtos de importação, atuará como um incentivo à produção nacional de substitutivos. E será esse o fator imediato decisivo da diversificação das atividades produtivas que as liberta do exclusivismo de uns poucos gêneros primários destinados à exportação. Tal exclusivismo se marcara tão fortemente na economia brasileira que ainda em princípios do século atual encontramos na pauta das nossas importações artigos como manteiga, aves, ovos, até mesmo verduras... A produção nacional ainda era insuficiente e em muitos casos até praticamente nula em artigos e gêneros dos mais simples e de consumo ordinário.

O mais importante aspecto dessa diversificação de atividades produtivas é naturalmente o verificado no caso da indústria manufatureira. A indústria brasileira tem seu primeiro surto apreciável a partir dos últimos anos do Império, mas é nos primeiros anos da República, e coincidindo com a brusca e forte desvalorização cambial então verificada, que as iniciativas industriais se multiplicam e o progresso se acentua consideravelmente. No último ano do Império, o número de estabelecimentos industriais era de pouco mais de 600, com um capital total de 400 mil contos (cerca de 25 milhões de libras esterlinas-ouro, ou 206 milhões de dólares atuais). Entre 1890 e 1895, serão fundados 452 estabelecimentos, com inversão global de mais de 200 mil contos, o que significa um aumento de 50% em cinco anos apenas. Esse paralelismo entre a conjuntura industrial e as vicissitudes cambiais da moeda brasileira se mantém pelos tempos afora. Os grandes momentos de prosperidade da indústria serão sobretudo aqueles em que a moeda se desvaloriza, como no correr da Primeira Guerra Mundial, quando o valor do mil-réis, que oscilava em torno de 16 d.[ólares], passa a oscilar em torno de 12 d.[ólares]. Também concorre nessa época, para o progresso industrial brasileiro, a redução das importações em consequência do estado de beligerância em que se encontravam nossos habituais fornecedores estrangeiros. Mas o fator principal dele era a desvalorização da moeda, tanto que a prosperidade da indústria se mantém, mesmo quando cessado o conflito (1918), com a progressiva desvalorização (que chega abaixo de 5 d.[ólares]) e somente se interrompe, sendo substituída por séria crise, depois de 1926, e por efeito da revalorização e da estabilização do mil-réis.

Depois de 1930 e apesar das dificuldades que o país atravessa em consequência da crise geral desencadeada pelo *crack* da Bolsa de Nova York em 1929, a indústria goza de uma conjuntura relativamente favorável, graças ao obstáculo oposto às importações por força do declínio drástico das exportações. Não havia disponibilidades em divisas para adquirir no exterior as manufaturas necessárias à satisfação da demanda interna, apesar da retração desta última por efeito da crise. E, assim, o processo de substituição das importações pela produção interna continua a operar em benefício da industrialização. O período da Segunda Guerra Mundial ainda acelerará o processo, porque os fornecimentos do exterior se tornam ainda mais difíceis e escassos. A prosperidade da indústria brasileira será, então, de tal ordem que nos tornamos até exportadores de algumas manufaturas, como em especial de tecidos, que se venderão aos países da América Latina e África do Sul, privados, tanto quanto nós, de seus fornecedores habituais. As manufaturas chegarão a figurar no segundo lugar de nossas exportações, logo em seguida ao café.

Isso durou, contudo, apenas um momento, mantido como era unicamente pela anormalidade do estado de guerra. As perspectivas ordinárias da indústria brasileira não eram e não podiam naturalmente ser as do mercado externo, e sim tão somente do interno. No período posterior à guerra, apresenta-se para ela uma conjuntura especialmente favorável, que lhe proporcionará considerável surto. Durante o conflito, tínhamos tido grandes saldos em nosso comércio exterior. A exportação se ampliara sobremaneira, não tanto em volume, mas no valor, graças à elevação de preços de matérias-primas e gêneros alimentares que a guerra provocara. Ao mesmo tempo que assim se valoriza a exportação, declinam grandemente, como vimos, as importações. Como consequência dessa situação que obrigara a grandes emissões para absorver o excesso de divisas, verifica-se forte elevação de preços e inflação generalizada, que, uma vez cessado o conflito e normalizada a situação, iriam determinar um grande e súbito incremento das importações, com que logo se dissipam os saldos de divisas acumulados durante a guerra. Persistem, contudo, a inflação e, em consequência, a pressão da demanda de importações. Para fazer frente ao desequilíbrio das contas externas que isso provoca (e que logo se evidenciará na formação de atrasados comerciais, isto é, débitos não atendidos no comércio internacional), a solução natural e mais simples, que seria o livre jogo das forças espontâneas do mercado, consistiria em deixar a moeda à sua sorte, permitindo que sua desvalorização cambial restabelecesse o equilíbrio de preços internos e externos, reduzindo-se com isso a demanda de importações. Essa solução, porém, poderia determinar efeitos catastróficos, que seriam a elevação excessiva de preços dos artigos importados e, pois, dos custos da produção interna, em especial dos da indústria que dependia de equipamentos e de outros insumos importados. Além disso, a conjuntura, tal como se apresentava, oferecia magníficas perspectivas para os negócios, sobretudo para as inversões em empreendimentos industriais. A inflação desencadeada e impulsionada, como vimos, pelas largas emissões da guerra e do período imediatamente subsequente se traduzia não somente em grande demanda solvável dos consumidores (demanda, aliás, que, longamente reprimida pelas restrições determinadas pela guerra, assumia agora caráter explosivo), como também nas disponibilidades de capitais acumulados.

Mas, para tirar pleno proveito dessa situação tão favorável, era necessário não apenas afastar a concorrência da importação, como facilitar a aquisição no exterior de equipamentos e insumos industriais em geral. Era de fato uma exigência contraditória, pois, para afastar a concorrência das importações, tornava-se preciso encarecê-las com a desvalorização cambial. Essa desvalorização cambial, no entanto, atingiria também os equipamentos e os insumos industriais. Resolveu-se a contradição (1947) com a instituição de um sistema de licença prévia para a importação, sistema segundo o qual a importação seria rigorosa e drasticamente dosada, a fim de a manter nos limites impostos pelas disponibilidades cambiais do país; e dando-se preferência nessa dosagem aos equipamentos, matérias-primas e materiais semielaborados industriais. A indústria achava-se, assim, duplamente beneficiada. De um lado, eliminava-se a concorrência da importação; e, de outro, eram-lhe fornecidos a preços relativamente muito baixos – graças a uma taxa cambial que conservava a moeda superavaliada em relação ao nível de preços internos – os equipamentos e demais artigos de que necessitava em suas operações. Em essência, essa política nada mais era que prolongamento do já antigo processo de substituição de importações pela produção nacional, mas agora como ação deliberada e expressa finalidade de favorecimento dos negócios e das iniciativas industriais em especial. Submetia-se a uma política econômica sistemática (e por isso muito mais drástica e decisiva nos seus efeitos) o que antes se realizava espontaneamente como derivação natural do simples jogo das forças do mercado, isto é, pelo mecanismo da desvalorização cambial e do encarecimento das mercadorias importadas, o que proporcionava oportunidades à produção interna.

Essa sistematização do antes espontâneo processo de substituição de importações pela produção interna, e assim a condução dele por ação deliberada, aliada à grande acumulação capitalista que a inflação proporcionara e continuaria a proporcionar, terá como consequência um largo incremento da indústria. Generaliza-se a substituição, e em pouco mais de um decênio se chegará à situação de somente importar aqueles artigos para cuja produção faltavam inteiramente recursos naturais ou tecnológicos. Mas, afora essas exceções impostas por contingências irremovíveis, tudo mais se incluiria, sem nenhuma discriminação, no rol das atividades industriais introduzidas no país, desde a produção de automóveis e de produtos químicos e farmacêuticos (embora se fabricassem inteiramente com produtos semielaborados de importação) até uísque e outras especialidades da mesma categoria. Uma vez excluída a concorrência estrangeira, e inexistindo a interna – porque o campo era vasto e variado demais para a afluência simultânea de sérios concorrentes num mesmo setor –, assegurados os equipamentos e insumos necessários a preços altamente favoráveis, bem como uma demanda certa, uma vez que se tratava de simples substituição, qualquer iniciativa estava de antemão segura de largo e fácil sucesso financeiro e boa margem de lucros. E é isso, afinal de contas, o principal de que se cogitava.

É em tais condições que se realiza o rápido crescimento da indústria. Como se vê, seus fundamentos são precários, e as consequências disso se verificarão logo que se esgotam os limites da possível substituição de importações, e o progresso ulterior exigirá, além de bases mais sólidas, perspectivas mais amplas. Tratar-se-á de uma indústria desordenadamente implantada, sem outro critério que as excepcionais e tão artificiais facilidades oferecidas e o estímulo imediatista de um lucro fácil e rápido. Uma indústria que não terá passado pelo crivo da seleção pela concorrência, nem mesmo potencial, ou de um planejamento integrado e de conjunto. Uma indústria, em suma, formada de caótico aglomerado de atividades implantadas no geral sem atenção alguma à sua viabilidade, no longo prazo, no que respeita a padrões de qualidade, custos, disponibilidade de matérias-primas e outros insumos facilmente acessíveis e a preços convenientes, perspectivas futuras de mercado etc. E promovida unicamente pelo vácuo deixado com a exclusão de alguns produtos antes importados e cujo preenchimento se promovera tão artificiosamente. Note-se, ainda, que não estamos considerando as insuficiências do preparo tecnológico e dos quadros administrativos que um parque industrial tão precipitada e desordenadamente implantado haveria necessariamente de sofrer.

De tais antecedentes da mais recente fase da industrialização brasileira que estamos considerando, não resultaram apenas os inconvenientes de uma indústria mal estruturada, de baixo nível tecnológico e financeiramente precária. Essa indústria não atenderá cabalmente nem mesmo ao objetivo essencial a que de origem se destinara, a saber, a substituição de importações e consequente economia de divisas. Isso porque frequentemente a economia realizada com a produção interna substitutiva se anulava com a importação de insumos necessários àquela produção e que o país não estava em condições de produzir ou não produzia suficientemente. Essa situação se apresentaria em circunstâncias ainda mais graves no caso, que tomaria grande vulto, das operações de empresas internacionais, quando a remuneração dos capitais por ela aqui aplicados, ou dos serviços prestados, se traduzia no aumento de compromissos externos sem nenhuma contrapartida de novos recursos capazes de fazer frente àqueles compromissos. Acresce a esses fatores que contribuem para o desequilíbrio das contas externas o artificial e distorcido sistema de preços a que levara a política de favorecimento da industrialização e que tendia a desestimular as exportações. Realmente, a taxa cambial adotada para favorecer as importações necessárias à indústria se tinha fixado, como já foi referido, em nível muito baixo em relação ao nível geral de preços internos. Em outras palavras, a moeda nacional (o cruzeiro) fora supervalorizada, em termos cambiais, com respeito ao nível interno de preços, do que resultara, durante longos anos, acentuado desnível entre esses preços internos e os internacionais, os últimos relativamente mais baixos. Por efeito disso, os custos internos de produção se tornavam excessivamente elevados, com frequência superiores à cotação internacional do produto. O que dará na tão conhecida "gravosidade" dos produtos brasileiros, incapazes, por isso, de concorrerem no mercado internacional. Com isso, a exportação é naturalmente afetada. E com ela, a nossa receita em divisas.

O desequilíbrio das contas externas brasileiras se resolverá momentaneamente com o afluxo de recursos financeiros do exterior, sejam empréstimos, sejam aplicações de capital estrangeiro no país. Esse afluxo maciço de recursos financeiros do exterior será realmente considerável e se torna uma constante e fator essencial do equilíbrio financeiro e do normal funcionamento da economia brasileira. Está claro, contudo, que constituirá unicamente solução momentânea em prazo mais ou menos curto. Isso porque o capital aqui invertido reclama não somente o seu eventual retorno, mas desde logo a remuneração a que faz jus e que o leva a se aplicar no país. Remuneração esta que tende a ampliar-se, porque representa o resultado de operações nos melhores negócios e oportunidades, que são precisamente aquelas para onde afluem os empreendimentos do capital internacional.

Onde, contudo, se revelam de maneira mais acentuada os aspectos negativos do processo de industrialização brasileira é na sua falta de perspectivas amplas por força do reduzido mercado que lhe serve de base. Já consideramos anteriormente a peculiar estrutura social do país, derivada de suas origens coloniais, onde, em consequência do sentido que se imprimira à colonização, a população tendera a estremar-se em categorias largamente distanciadas. De um lado, a minoria de dirigentes da colonização e dos que a eles diretamente se vinculam, que são os organizadores e administradores do negócio que aqui se instalara a fim de fornecer gêneros primários ao comércio internacional. Do outro, a grande massa de trabalhadores e seus afins, recrutados para contribuírem com sua força de trabalho na realização do mesmo negócio; e, assim, sem outro estatuto que esse mesmo de fornecedores de força de trabalho, relegados a uma posição inferiorizada porque nada mais representam do que simples instrumentos de produção. Recalcados em consequência a níveis de vida muito baixos e padrões de consumo insignificantes.

É certo que essa estrutura social se modificara bastante com o correr do tempo e o crescimento econômico do país verificado sobretudo, como se viu, depois da emancipação política e por força das circunstâncias de toda ordem que a partir daí interferem no processo histórico brasileiro. Mas não há que superestimar aquelas modificações estruturais da sociedade brasileira, porque basicamente ela conserva seus traços originários e, em particular, a inferiorização socioeconômica de suas classes trabalhadoras e populares e os baixos padrões tanto culturais como materiais e de consumo a que aquela situação e posição sociais as condena. E isso nos dá desde logo a medida do mercado interno brasileiro e de sua insuficiência como base e força propulsora eficiente do progresso industrial.

É o que efetivamente se verificará. O processo de industrialização se veio realizando, sobretudo, como vimos, como simples substitutivo de importações tornadas impossíveis em consequência do desequilíbrio das contas externas do país. Ora, essas importações, particularmente no que se refere às manufaturas, se destinavam sobretudo a atender, direta ou indiretamente, as necessidades do mercado consumidor relativamente restrito de uma minoria que, nas condições do Brasil, se pode considerar econômica e socialmente privilegiada e do qual se achava praticamente excluída, por força de seus ínfimos padrões, a grande maioria e massa da população.

A indústria, vindo ocupar o lugar da importação, visará naturalmente a esse mercado de alto nível relativo e inteiramente excepcional no conjunto brasileiro. E aí se concentra e tende a se limitar, porque uma atividade impulsionada apenas como negócio e visando ao lucro que todo negócio objetiva se destinará precipuamente àqueles consumidores de poder aquisitivo compensador. É verdade que esse setor financeiramente avantajado tende a crescer e de fato veio crescendo. A própria industrialização é um fator desse crescimento, porque tanto pelos empregos que cria como pelas atividades paralelas a que dá lugar constitui um gerador de renda e, pois, um estímulo ao consumo e à extensão do mercado. Nem outra foi a história do desenvolvimento industrial moderno observado em toda parte, e em particular nesses pioneiros da industrialização que se tornaram as grandes potências capitalistas de nossos dias.

No Brasil, entretanto, a situação é diferente por força de sua estrutura socioeconômica originária, que fez dele, e assim fundamentalmente o conservou, antes um *produtor* que um *consumidor*; e onde as atividades produtivas visam precipuamente a um consumo estranho. Ao contrário daqueles países onde o processo de industrialização partiu sobre a base de uma sociedade consumidora – fosse embora um consumo relativamente restrito, mas que abrangia o conjunto da sociedade – e onde o mesmo processo de industrialização significou essencialmente um melhor aparelhamento e uma maior eficiência das atividades produtivas que atendiam àquele consumo. Por isso a indústria progrediu paralela e intimamente solidária com o crescimento geral para que ela poderosa e decisivamente contribuiu e nele intimamente se integrou. O processo se desenrolou, assim, por meio de etapas e fases sucessivas, cada qual delas ajustada ao nível e aos padrões gerais da época e do país em que se verificou.

Não é isso que ocorre no Brasil, onde a industrialização não significou nem teve por objetivo o mais eficiente aparelhamento das atividades produtivas em geral, para o melhor atendimento do consumo, em conjunto, da sociedade e da economia na qual se insere. E sim visou unicamente a satisfazer necessidades de um consumo muito especializado de reduzidos setores antes atendidos por fornecedores do exterior e que contingências ocasionais fizeram apelar para a produção interna. Consumo aquele que não tem, assim, relação com as atividades produtivas essenciais e ordinárias do país e se coloca em plano completamente distinto delas e dos padrões gerais nacionais. Do que resulta desde logo a falta de paralelismo e correspondência entre, de um lado, o crescimento econômico do país e das necessidades gerais e fundamentais dele e do conjunto de sua população e, de outro lado, o ritmo do progresso industrial, uma vez que a indústria não se orienta por aquelas necessidades gerais, e sim unicamente pela demanda de um setor relativamente pequeno e excepcional no conjunto do país. O que se reflete, entre outras graves consequências, na falta de continuidade do processo de industrialização e progresso gradativo e sustentado dele, bem como numa defeituosa e altamente inconveniente distribuição e estruturação das atividades industriais, em especial no crescimento desproporcionado da produção de bens de consumo final e mesmo frequentemente de um consumo excepcionalíssimo, inclusive suntuário, em contraste com a indústria de bens de produção e em geral do aparelhamento econômico de base e em prejuízo delas. Irregularidade e ausência de organicidade estas do desenvolvimento industrial que também afetam desfavoravelmente o preparo tecnológico e a formação de quadros capacitados para o manejamento e a gestão das atividades industriais.

Em suma, não se apresentam no Brasil – por força de contingências estruturais, por isso muito graves e profundas – as circunstâncias próprias que em outros lugares, e em especial nos países pioneiros do moderno desenvolvimento industrial, promoveram a industrialização na base de um processo autopropulsor que lhes proporcionou e assegurou aquele progresso. A industrialização brasileira marchará canhestramente e por impulsos descontínuos e desordenados, ao sabor de vicissitudes que lhe são estranhas, como em particular a caprichosa conjuntura das finanças externas. E, embora apresente alguns surtos apreciáveis e à primeira vista até mesmo com certos aspectos espetaculares – como particularmente o mais recente deles e de maior vulto que é o da fase posterior à última guerra –, ela não terá um progresso contínuo e sustentado que por si próprio lhe fosse gradualmente abrindo novos e cada vez mais amplos horizontes. Ao contrário, o que se observa é, sob certos aspectos, até mesmo o agravamento das circunstâncias estruturais desfavoráveis a um sólido e bem fundamentado crescimento econômico e uma relativa retração das perspectivas.

É assim que a industrialização intensiva posterior à guerra e que se estende até início do decênio de 1960, embora absorvendo a maior e melhor parte das iniciativas e dos recursos do país, e realizando-se em boa parte, como vimos, graças ao desnível dos preços internos e externos, bem como da inflação – circunstâncias essas altamente prejudiciais a outras atividades, como em especial ao setor agrário, cujo declínio elas precipitaram; com tudo isso, a industrialização não logrou suscitar uma atividade econômica capaz de absorver e ir incorporando em nível adequado o crescimento demográfico verificado no país, em particular os excedentes expelidos e deslocados do declinante setor agrário. O largo e crescente desemprego mais ou menos disfarçado que se observa no Brasil e a progressiva marginalização de importantes contingentes demográficos que daí resulta comprovam o fato. E tendem a perpetuar, e em muitos lugares agravar, a defeituosa estrutura social brasileira com seus extremos de relativa abundância de um lado e de outro a considerável parcela da população que vegeta nos mais ínfimos limites da sobrevivência biológica.

Situação como essa naturalmente vai de encontro e embaraça o processo potencialmente em curso na conjuntura histórica brasileira do momento e que já consideramos. Processo esse que consiste essencialmente na transformação básica da nossa economia, com gradativo recuo de seu antigo e tradicional exclusivismo exportador, e a progressiva complementação de um novo sistema que, nascido embora dentro do sistema anterior e impulsionado pela mesma função exportadora, tende a transformá-la e a substituí-la. Esse novo sistema tem por base e natureza a produção para o mercado interno e precipuamente para a satisfação das necessidades econômicas do país e de sua população. O que não ocorre, antes pelo contrário, no sistema anterior, simples peça que ele representa no comércio internacional, e voltado essencialmente, como se encontra, para atender à demanda verificada nesse comércio de gêneros primários que o país tem condições para fornecer.

No curso, contudo, desse processo de transformação, esta esbarra com o obstáculo dos remanescentes do velho sistema colonial, que lhe embaraçam o prosseguimento e limitam as perspectivas. Resulta aquele obstáculo, fundamentalmente, acabamos de observá-lo, do acanhado mercado consumidor interno e sua defeituosa estrutura – herança ainda, em última instância, daquele passado colonial –, mercado esse que, no regime vigorante da livre-iniciativa privada que se estimula unicamente pelo maior interesse financeiro e maximização do lucro comercial, não oferece os impulsos necessários para a promoção das atividades econômicas em proporções e condições que assegurem um suficiente ritmo de crescimento do mesmo mercado.

Essa inadequada ação da livre-iniciativa privada na condução e na orientação do processo de transformação da economia brasileira é agravada quando tal iniciativa parte do capital e de empresas internacionais, porque aí se acrescentam aos inconvenientes que a iniciativa privada apresenta de um modo geral, mais outras circunstâncias desfavoráveis. A participação direta da iniciativa e dos negócios internacionais na economia brasileira já é de longa data, como se viu anteriormente. E se acha intimamente ligada, como também observamos, à posição periférica da nossa economia no sistema internacional do capitalismo, operando por isso, sobretudo, nos setores direta ou indiretamente relacionados com a função exportadora na qual a economia brasileira se fundava praticamente com exclusividade, onde, portanto, se ofereciam as melhores oportunidades de negócio.

Mais recentemente, em particular na fase posterior à Segunda Guerra Mundial, ganha vulto, que aliás se tornaria considerável, outro tipo de atividade econômica das empresas internacionais que têm por base empreendimentos industriais voltados para o mercado interno do país. Essa nova atividade econômica tem como ponto de partida, em especial, a privilegiada situação que aquelas empresas desfrutam como fornecedoras dos artigos da importação brasileira. E fornecedores que, valendo-se da preeminência que o capital internacional gozava no Brasil por força da posição subordinada em que o país figura no sistema internacional em que aquele capital domina, introduzem-se direta e intimamente no país e se tornam força decisiva em alguns dos principais setores do comércio e do mercado internos. E assim, na medida em que esse mercado se expande, as operações das empresas internacionais ganham importância crescente que lhes assegura posições cada vez mais fortes e poderosas no interior da economia brasileira. E quando posteriormente se verifica o progressivo avanço do processo de substituição da importação pela produção interna, as mesmas empresas se encontrarão na melhor das posições para se prevalecerem das oportunidades que aquela substituição de importações proporcionaria. Bastar-lhes-á transferirem para o Brasil a produção parcial ou integral, conforme o caso, dos artigos que antes produziam nos seus países de origem e que nos forneciam por meio de nossas importações. O regime jurídico da livre-iniciativa privada lhes abria para isso as portas do país. Isso sem contar as facilidades e mesmo os privilégios que se concederam para sua instalação e operações no país. Favores esses que decorriam naturalmente e necessariamente das vantajosas posições, tanto econômicas como políticas, que as empresas internacionais já ocupavam no país. E que se acham implícitas na relação de forças do sistema internacional do capitalismo em que essas empresas se situam, nos centros dominadores em torno dos quais giram, em órbita periférica, países como o Brasil.

Os capitais e os empreendimentos internacionais se prevalecerão largamente dessa avantajada situação que desfrutam relativamente ao Brasil. E tirarão dela o melhor partido, instalando-se nas melhores, mais lucrativas e estratégicas posições. No processo de industrialização, em particular, elas se tornam fator decisivo. O núcleo verdadeiramente dinâmico da indústria brasileira se constituirá em nada mais que uma constelação de filiais de empresas internacionais em cuja órbita girará quase tudo que a nossa indústria conta de mais expressivo. O que representa um grave embaraço oposto à transformação da economia brasileira, apesar do estímulo que num primeiro momento aquelas iniciativas estrangeiras proporcionam. Efetivamente, a posição dominante e decisiva que o capital internacional ocupa na economia brasileira tende permanentemente a reconduzi-la para a anterior situação centrada na função exportadora. Isso porque a remuneração daquele capital, que representa pagamentos no exterior, somente pode ser satisfeita com a contrapartida de exportações, única fonte apreciável de divisas com que contamos para fazer frente àqueles pagamentos. E como as eventuais ampliações, reinversões e novas aplicações de capital são sempre função de sua remuneração, verifica-se desde logo a estreita relação de dependência que o predomínio de empreendimentos internacionais na indústria brasileira determina entre o processo de industrialização e as exportações brasileiras.

Observa-se aqui muito bem a ligação do capitalismo internacional com o nosso velho sistema colonial fundado na exportação de produtos primários, pois é dessa exportação que provêm os recursos com que o capitalismo internacional conta para realizar os lucros que são a razão de ser de sua existência. Considerada do ponto de vista geral do sistema internacional do capitalismo, a economia brasileira, dominada e controlada pelos empreendimentos internacionais, se enquadra naquele sistema como fornecedora de produtos primários cuja venda nos mercados internacionais proporciona os lucros dos empreendimentos que dominam o mesmo sistema. Todo o funcionamento da economia brasileira, isto é, as atividades econômicas do país e suas perspectivas futuras, se subordina, assim, em última instância, ao processo comercial em que as grandes empresas internacionais ocupam o centro.

É isso que significa e para isso que permanentemente tende a participação da iniciativa do capitalismo internacional na economia brasileira quando adquire o vulto e papel dominante que é o seu e que, dentro da ordem econômica vigente, só pode crescer. E cresce por dois motivos principais. Em primeiro lugar porque o desequilíbrio que provoca nas contas externas do país, por efeito dos pagamentos que determina no exterior, torna imperativo o afluxo permanente e crescente das inversões estrangeiras destinadas a cobrir o passivo verificado, o que naturalmente vai agravando a situação e aprofundando as contradições que apontamos, num verdadeiro círculo vicioso cuja saída, nas condições vigentes, não é fácil prever. Em segundo lugar, a participação das operações de empreendimentos internacionais na economia brasileira é particularmente estimulada e promovida pelo fato de tais empreendimentos ocuparem e dominarem os melhores e mais lucrativos e estratégicos negócios, realizando-se por conseguinte em seu proveito o melhor da acumulação capitalista do país, o que lhes assegura, e mesmo lhes impõe como imperativo financeiro, uma ampliação mais larga e uma penetração cada vez mais profunda na economia brasileira.

A participação do capitalismo internacional na economia brasileira constitui, assim, um embaraço, e embaraço crescente à transformação da mesma economia e à libertação dela do seu passado colonial. Passado esse que, embora sob forma diferente e mais complexa, continua a mantê-la enquadrada num sistema em que ela figura como setor e elemento periférico e dependente. E se encontra, assim, voltada essencial e fundamentalmente para interesses estranhos, não para a satisfação das necessidades econômicas e aspirações da grande massa da população brasileira. Trata-se de necessidades e aspirações que, pelo vulto atingido e em contínuo aumento, se mostram cada vez mais incompatíveis com aquele sistema, incapaz que ele é de proporcionar o atendimento delas.

X

Em síntese, a atual fase do processo histórico brasileiro se caracteriza, vimo-lo no correr do presente trabalho, pelas contradições que resultam fundamentalmente de uma dualidade de setores ou sistemas econômicos imbricados um no outro: um, o tradicional, centrado na produção de gêneros primários destinados à exportação; o outro, emergente desse e constituído em seu seio, mas que se volta para o mercado interno e tem por base essencial a indústria. Trata-se de um dualismo, porque essencialmente ambos os setores se caracterizam à parte um do outro e não se recobrem. Isto é, cada qual deles tem sua orientação comercial própria e exclusiva – um para o mercado externo, outro para o interno –, e somente se confundem e se sobrepõem secundária e subsidiariamente; até mesmo, muitas vezes, apenas excepcionalmente. Gêneros primários como o café, o cacau, o sisal, a castanha-do-pará e outros, que constituem o primeiro, a base fundamental da economia brasileira, e os demais, de regiões ou partes mais ou menos extensas e importantes do país, se ligam de tal forma à exportação que, eliminada essa finalidade, perderiam inteiramente o sentido econômico que têm atualmente; e muitos deles provavelmente até mesmo desapareceriam como produções significativas. Em suma, eles têm expressão econômica na medida em que são exportáveis e exportados. E, nessa mesma medida, as regiões ou partes do país em que se produzem – e no caso do café, o Brasil em conjunto – logram subsistir com suas características atuais.

Outros gêneros primários, alguns de grande importância e bastante peso relativo na exportação, como em especial o algodão, não são tão exclusivamente produzidos para o mercado externo e se destinam também, em boa parte, ao interno. Mas esta categoria intermediária de gêneros primários mistos de exportação e de consumo doméstico relativamente apreciável não tem em seu conjunto expressão suficiente no mercado interno para desfigurar, no essencial, o característico dualismo da economia brasileira.

Por sua vez, um segundo grupo de produções, e em especial e muito destacadamente a industrial, visa comercialmente ao mercado interno, e isso também de forma praticamente exclusiva. O exportado da produção industrial, por exemplo, e mesmo o exportável, é excepcional. E isso até mesmo por força de circunstâncias estruturais e orgânicas da indústria que se constituiu, basicamente, para substituir importações, como se viu antes, para produzir especificamente certos e determinados artigos antes havidos por via do fornecimento externo, e que por isso não apresenta em regra flexibilidade e maleabilidade suficientes para se adaptar às exigências e aos padrões do comércio internacional. Tome-se por exemplo, como ilustração, o caso da indústria de veículos automotores, hoje o principal setor, sem dúvida, da indústria brasileira, e de mais elevado nível tecnológico, que se acha limitado à produção de determinados modelos de veículos praticamente invariáveis e não tem condições para se diversificar, inovando e se adaptando a eventuais modificações da demanda no tão sofisticado mercado externo.

Em suma, uma análise atenta da economia brasileira, quando lastreada em perspectiva histórica, como procuramos fazer no presente trabalho, perspectiva essa que alerta o observador e chama sua atenção para situações que de outra forma talvez não percebesse, ou percebesse mal, põe em nítido relevo a característica divisão da nossa economia em dois setores distintos que se orientam respectivamente para o mercado externo e o interno. Distinção esta que não é circunstancial e fruto de situações ocasionais, mas que tem suas raízes plantadas no mais profundo e íntimo da estrutura econômica do país. Vejamos como esse fato se insere na questão do crescimento econômico e do desenvolvimento. Isto é, como e em que medida ele condiciona esse desenvolvimento e nele se reflete e traduz.

Para dar o devido contraste, comecemos por analisar as concepções já hoje clássicas na questão do desenvolvimento e a teoria econômica que sobre elas se estrutura. Essas concepções e teoria voltam centralmente sua atenção para a renda nacional, em especial a renda *per capita* (que não é afinal mais que uma média aritmética que pouco ou nada informa sobre a distribuição dessa renda, o que é essencial), bem como para o fator que, no processo cíclico de um capitalismo já maduro que é aquele cujo desenrolar se traduz nos modelos teóricos consagrados, condiciona direta e imediatamente a flutuação daquela renda e que vem a ser o ritmo das inversões. Fator que se extrapola, segundo já observamos no primeiro capítulo do presente trabalho, para o processo do desenvolvimento, inclusive e particularmente o de países como o nosso, de baixos índices de progresso econômico – os países tidos como "subdesenvolvidos".

Ora se é verdade que o ritmo das inversões constitui de certa forma índice adequado do desenvolvimento capitalista, ele por si apenas pouco ou nada pode informar acerca das contingências a que o desenvolvimento está submetido e, portanto, sobre a maneira mais adequada de promovê-lo. A não ser, como em regra se faz, simplisticamente recomendando e estimulando inversões, seja a que título ou a que custo social forem. O a-historicismo e a subestimação da especificidade histórica dos países subdesenvolvidos tornam a teoria ortodoxa incapaz de avaliar as circunstâncias peculiares que em cada lugar ou categoria socioeconômica condicionam as inversões e dão a medida de sua fecundidade e capacidade de determinar um processo autoestimulante de crescimento, que é o que se procura realizar. A teoria ortodoxa fica no simples relacionamento das inversões, em nível de alta abstração, com o processo de acumulação capitalista, que, por seu turno, se liga esquematicamente à poupança conceituada simplesmente como excedente da receita acima das despesas de consumo. Esse conceito de poupança, perfeitamente exato como definição formal (não é sem justificativa que Keynes afirma constituir essa definição "um dos raros pontos de acordo geral entre economistas e de perfeito rigor da teoria econômica")[1], encerra

---

[1] John Maynard Keynes, *The General Theory of Employment, Interest, and Money* (Nova York, Harcourt, Brace and Company, 1936), p. 61.

uma grave ambiguidade que não podemos discutir aqui a fundo[2], mas que essencialmente consiste no fato de que a maior e melhor parte da capitalização (num país como o Brasil, a incomparável maior parte) é a realizada no próprio processo da produção, isto é, origina-se naquilo que contabilmente constitui "lucros não distribuídos", que, sob forma de reservas ou aumento do capital social, se reinverte na produção. Ora, essa forma de constituição e acumulação de capital, embora represente a rigor – na formulação tão prezada por Keynes – "excedente da receita acima das despesas de consumo", não se enquadra no que ordinariamente se tem em mente ao falar em "poupança" e que vêm a ser as economias que os indivíduos particulares fazem para constituírem um pecúlio ou aumentarem seu patrimônio. Não se enquadra nisso, tampouco tem a mesma natureza dessa poupança individual. A capitalização realizada no curso da atividade produtiva se integra indissoluvelmente nessa atividade como momento final de cada um dos ciclos de um processo que, iniciado com a inversão, vai desembocar naquela capitalização com o retorno do capital inicialmente invertido e agora acrescido do lucro realizado. Capital e lucro estes que, englobados, se reinvertem e vão dar lugar a um novo ciclo[3]. É esse o curso natural e normal do processo produtivo do capitalismo em que o capital, como se vê, é tanto o ponto de partida como o momento final do mesmo processo. Se é certo que é o capital que se invertendo dá lugar à atividade produtiva, não é menos verdade que a atividade produtiva gera o capital. É nessa perspectiva que o capital e o processo de sua formação e acumulação hão de se considerar. Bem como a inversão, ou melhor, a reinversão a que ele se destina. O que permite articular em processo de conjunto o que nas concepções ortodoxas, por natureza estáticas e em flagrante contraste com a realidade eminentemente dinâmica dos fatos econômicos, aparece

---

[2] Fizemo-lo em *Esboço dos fundamentos da teoria econômica* (4. ed., São Paulo, Brasiliense, 1966).

[3] Não consideramos a dedução de lucro que não se reinverte e que, despendido a título de remuneração do capital, é desviado da produção, pois essa dedução destinada ao consumo final constitui parcela excepcional e particularidade que não se enquadra na norma essencial do funcionamento do sistema capitalista.

apartado e somente ligado externamente e em sucessão intermitente, a saber: capital, inversão e produção.

De outra parte, a atividade produtiva é função do mercado, isto é, é essencialmente condicionada e proporcionada pela ocorrência do mercado. É assim na perspectiva do mercado, em última instância, ou pelo menos *também* dele, e no caso brasileiro diremos mesmo *sobretudo*, que a capitalização e o conjunto das atividades produtivas hão de ser considerados. E pois também o desenvolvimento. Isso não é para dizer que a teoria ortodoxa deixa de lado o mercado, que se inclui em seus esquemas como uma das variáveis, mas é uma variável dependente das inversões. Sem entrar em mais pormenores que nos levariam muito longe para dentro da economia, lembremos apenas que, se essa maneira de colocar a questão pode ter alguma procedência nas economias de alto nível de desenvolvimento das relações capitalistas de produção, e onde o mercado propriamente, se não suas flutuações, constitui um dado preliminar que independe da conjuntura, no caso dos países subdesenvolvidos, de renda muito baixa, muito mal distribuída e precária, ela não se justifica. Neste ponto, a nossa experiência histórica (o que nos mostra mais uma vez a importância da participação da historiografia na análise da questão do desenvolvimento) é definitivamente concludente. O fator e o impulso imediato realmente decisivos em todos os momentos e fases de progresso econômico verificados no Brasil foram invariavelmente conjunturas comerciais favoráveis a nossos produtos, isto é, a ocorrência de mercado para os gêneros de nossa produção. Tudo mais seguiu-se a isso sem maior obstáculo. A própria formação e a existência de nosso país têm aí suas raízes, como a história fartamente o comprova. As vicissitudes da nossa economia e da própria sociedade brasileira, no seu conjunto e em todas as partes de que geograficamente se compõe, acompanharam sempre, muito estreitamente, as flutuações da conjuntura comercial dos respectivos produtos de exportação, tanto nos seus altos como nos seus baixos. O capital, as inversões, as atividades produtivas e tudo mais, até mesmo os índices demográficos, se condicionam direta e imediatamente àquela conjuntura. São seu reflexo e sua consequência.

É, assim, a questão do mercado que ocupa entre nós o centro da problemática do desenvolvimento. E é somente na história e na especificidade própria das diferentes situações históricas brasileiras que o mercado para os artigos de nossa produção, a natureza dele, sua estrutura e suas vicissitudes podem ser compreendidos e devidamente avaliados. A começar pelo característico dualismo daquele mercado rigidamente discriminado e dividido em dois setores bem apartados um do outro e inconfundíveis: respectivamente o externo e o interno.

Na teoria econômica ortodoxa, os mercados externo e interno se equiparam e não são mais que subdivisões, de natureza semelhante, do mercado em geral. A teoria ortodoxa considera naturalmente as variantes de um para outro desses setores do mercado, bem como as circunstâncias específicas de cada um. Mas essencialmente, e em particular na perspectiva que diz respeito ao que nos interessa aqui mais de perto, eles se equivalem do ponto de vista ortodoxo. Na economia brasileira, contudo, o assunto não pode ser colocado nesses termos, como nos revela sua análise atenta realizada em perspectiva histórica. Aqui a significação e o papel do mercado externo avultam de tal maneira que esse mercado se singulariza e se individualiza inteiramente à parte. A ocorrência de um consumo internacional dos eventuais gêneros que o território brasileiro era capaz de produzir será condição precípua e circunstância determinante da própria instalação e organização no território que constituiria o Brasil e suas diferentes partes de coletividades humanas que evoluiriam para uma nacionalidade. Assim, os elementos componentes dessa nacionalidade, tanto os econômicos como os sociais, derivam todos eles, direta ou indiretamente, mas sempre de forma intimamente relacionada, das circunstâncias determinadas pela ocorrência de um mercado externo em que ela (a nacionalidade brasileira) assentaria suas bases e sobre o que se estruturou. Inclusive naturalmente também o mercado interno que nela se verifica e que assim se individualiza e se caracteriza em contraste radical com o externo, pois não é mais que decorrência daquelas mesmas circunstâncias determinadas pela presença do mercado externo. O mercado interno não é, assim, como ordinariamente se considera na teoria econômica usual, e efetivamente acontece em regra, paralelo ao externo e situado em plano semelhante. Ele é *função* deste último. Pode-se dizer que dele deriva.

Há que acrescentar a esse esquema fundamental e essencial da economia brasileira no ponto de partida do seu processo histórico, ou antes acentuar, o que naquele esquema já se encontra implícito e que vem a ser a posição na qual a economia brasileira se situa em referência à ordem internacional por força daquela preeminência do seu mercado externo. A saber, posição dependente e subsidiária de uma economia satélite que se dispõe e organiza precipuamente para servir objetivos e necessidades econômicas alheias.

Partindo daí, o processo histórico brasileiro sofrerá as contingências que lhe dita a estrutura econômica e social originária em que o país se constituiu. Seus fundamentos econômicos, que são as atividades produtivas de que se alimenta a vida do país e da coletividade que o compõe, evoluirão sempre em função das contingências do mercado externo. A sorte dessas atividades depende sempre da maior ou menor receptividade do mercado externo para os gêneros que delas resultam, bem como da rentabilidade que lhes proporciona. Isso não somente porque esse mercado externo lhes absorve as principais e fundamentais produções, como porque é tal fornecimento para o exterior que promove o crescimento do país, determina os seus padrões de riqueza e, pois, o consumo e o mercado internos que, por seu turno, estimularão atividades produtivas voltadas para esse mesmo mercado interno.

Paradoxalmente, e por isso contraditoriamente também, as insuficiências do mercado externo também contribuem de modo indireto para o impulsionamento das atividades produtivas voltadas para o mercado interno. Efetivamente, essas insuficiências limitam a capacidade de importação do país e dão lugar, segundo vimos, a uma produção substitutiva. É na base dessa "substituição de importações" que se realiza o processo de industrialização, premissa, naturalmente, do progresso tecnológico e desenvolvimento modernos. Esse processo, defeituoso embora – porque se trata de simples substituição, sem raízes numa infraestrutura predisposta para lhe dar consistência e solidez, o que determina um tipo de produção não integrada, sem versatilidade e flexibilidade e também sem perspectivas amplas, porque assenta num mercado subsidiário e restrito por força das condições gerais de uma economia e uma organização social estruturadas originariamente para servirem o mercado externo, e que somente circunstancialmente assume outro caráter –, apesar de todos esses aspectos negativos, o processo de industrialização representa abertura para um novo sistema econômico. Isto é, uma economia nacionalmente integrada e precipuamente voltada para atender às necessidades internas da coletividade humana nela engajada, o que vai de encontro ao sistema anterior e tradicional em que predomina a função exportadora.

Essa função exportadora não perde, contudo, seu sentido e larga expressão porque ainda permanece essencial e fundamental. Isso porque, entre outras circunstâncias, é dela que derivam os recursos financeiros de que necessita a própria indústria nascente a fim de se aparelhar e abastecer-se de matérias-primas e materiais semielaborados que consome. Montada e estruturada ao acaso dos caprichosos impulsos da livre-iniciativa privada que se estimula unicamente pelo imediatismo do lucro comercial, essa indústria não se orientou em seu nascedouro por objetivos de longo prazo e solidamente alicerçados. Além disso, os recursos financeiros carreados pela função exportadora condicionam a maior e melhor parte da indústria que, fruto da iniciativa de empreendimentos do capital internacional, necessita daqueles recursos que representam sua própria razão de ser. É com eles, e somente com eles, que a participação e a colaboração de empresas internacionais no processo da industrialização brasileira são devidamente remuneradas.

Apesar desta sua essencialidade, a função exportadora, por força de novas circunstâncias gerais de nossos dias, que levam os gêneros primários da produção e da exportação brasileiras a um plano cada vez mais modesto e de acanhadas perspectivas, acha-se irreparavelmente comprometida e entra em franco declínio. E já se mostra patentemente incapaz de lastrear, como no passado, e como ainda hoje dela se exige, a vitalidade econômica do país.

É essa em suma a conjuntura em que hoje se encontra a economia brasileira como resultante do processo histórico em que ela se formou e evoluiu até nossos dias e que consideramos e procuramos analisar no correr do presente trabalho. Nessa conjuntura, insinuam-se as contradições em que se debate a economia brasileira e que se configuram, sobretudo, na permanência de um sistema que, vindo do passado e embora já obsoleto e anacrônico, persiste e põe obstáculos ao desenvolvimento, porque algumas de suas principais circunstâncias, que são precisamente aquelas que impulsionam a sua renovação e substituição por novo sistema, se apresentam como obstáculo e empecilho a essa mesma renovação.

É na base dessas circunstâncias presentes na atual conjuntura econômica em que se encontra o país que se faz possível formular as premissas necessárias para o equacionamento do problema do desenvolvimento brasileiro. Mas isso já ultrapassaria os limites do presente trabalho, que não objetivou senão mostrar que aquele equacionamento resulta e somente pode resultar de uma apreciação do processo histórico, que é onde a questão do desenvolvimento se propõe.

BIBLIOGRAFIA CITADA PELO AUTOR AO LONGO DA OBRA

As fontes bibliográficas utilizadas são, além das referidas no texto, as citadas nas seguintes obras: *Formação do Brasil contemporâneo: colônia* (8 ed., São Paulo, Brasiliense, 1965) e *História econômica do Brasil* (10 ed., São Paulo, Brasiliense, 1967).

ANTONIL, André João. *Cultura e opulência do Brasil, por suas drogas e minas.* São Paulo, [Companhia Editora Nacional,] 1967, coleção Roteiro do Brasil.

BRITO, João Rodrigues de. *Cartas econômico-políticas sobre a agricultura e comércio da Bahia.* Lisboa, [Imprensa Nacional,] 1821, reeditadas pelo governo da Bahia em 1924.

KEYNES, John Maynard. *The General Theory of Employment, Interest, and Money.* Nova York, Harcourt, Brace and Company, 1936 [ed. bras.: *A teoria geral do emprego, do juro e da moeda.* Trad. Mário R. da Cruz, São Paulo, Nova Cultural, 1985].

MARCHANT, Alexander. *Do escambo à escravidão*: as relações econômicas de portugueses e índios na colonização do Brasil, 1500-1580. Trad. Carlos Lacerda, São Paulo, Companhia Editora Nacional, 1943.

PRADO JÚNIOR, Caio. *Esboço dos fundamentos da teoria econômica.* 4. ed., São Paulo, Brasiliense, 1966.

ROSTOW, Walt Whitman. *The Process of Economic Growth.* 2. ed., Oxford, Oxford University Press, 1960.

_____. *Etapas do desenvolvimento econômico*: um manifesto não comunista. 3. ed., trad. Velho Octávio Alves, Rio de Janeiro, Zahar, 1966.

SILVA, Hélio Schlittler. Tendências e características gerais do comércio exterior no século XIX. *Revista de História da Economia Brasileira*, n. 1, jun. 1953.

SIMONSEN, Roberto C. *A evolução industrial do Brasil*. São Paulo, Fiesp, 1939.

SOUZA, Gabriel Soares de. Tratado descritivo do Brasil em 1587. *Revista Trimensal do Instituto Histórico e Geográfico do Brasil*, t. 14, 1851.

VILHENA, Luiz dos Santos. *Recopilação de notícias soteropolitanas e brasílicas*. Bahia, [Imprensa Oficial do Estado,] 1921.

Posfácio
A ECONOMIA POLÍTICA DO BRASIL E SEU MESTRE SOBERANO
Leda Paulani

Na monumental biografia política de Caio Prado Júnior publicada pela editora Boitempo em 2016, Luiz Bernardo Pericás, seu autor, relata um episódio que faz parte do processo em que a ditadura militar, sob a acusação de "incitação subversiva", condenou e prendeu, aos 63 anos de idade, o grande intelectual. Em determinado momento da instrução, o oficial que entrevistava Caio lhe perguntou: "O senhor é o homem que inventou esse tal de marxismo no Brasil, não é?".

A feição anedótica do caso não deve, é claro, apagar a violência política que corria naquele início dos anos 1970, menos ainda fazer esquecer quão pouco divertido deve ter sido, para nosso autor, àquela altura da vida, encarar mais essa prisão. Se o trago aqui, neste posfácio, é porque penso que, em sua inacreditável obtusidade, o inquisidor de coturno esbarrou sem querer com a verdade de seu objeto. Se evidentemente Caio não "inventou" o marxismo no Brasil, ele, no entanto, a partir do paradigma descoberto por Marx, inaugurou por aqui a construção daquilo que poderíamos chamar de *a economia política do Brasil*, dando assim início à mais fecunda das tradições intelectuais que buscam encontrar respostas aos recorrentes descaminhos do país.

O livro que o leitor tem em mãos, escrito originalmente em 1968 como tese de livre-docência para a cátedra de história da civilização brasileira da Faculdade de Filosofia, Ciências e Letras da Universidade de São Paulo (FFCL-USP)[1], é um dos tijolos dessa base estrutural que Caio constrói, e cuja pedra de lançamento fora a publicação, quase quatro décadas antes, em 1930, de *Evolução política do Brasil*. Mas, enquanto intelectual (não vamos falar aqui diretamente do militante político), Caio é conhecido, discutido, criticado e louvado como historiador. Com que direito venho eu agora dizer que seu *métier* é a economia política? Será que puxo a brasa pra minha sardinha?

A bem da honestidade, devo dizer que pode haver aí um fundo de verdade. Quando fui convidada pelo professor Pericás a escrever este texto, minha primeira reação foi de recusa: não sou historiadora (quem me dera!), tampouco grande conhecedora da obra do próprio Caio. Aceitei o desafio, contudo, porque abria-se a oportunidade de voltar ao grande autor, a quem fora apresentada, nos distantes anos da graduação em economia na FEA-USP, por meio das páginas de *Formação do Brasil contemporâneo* e *História econômica do Brasil*. Isso posto, organizar o andamento dos argumentos de modo a poder comentar o livro do ponto de vista da economia política, claramente mais confortável para mim, seria uma boa estratégia – e não de todo espúria, a julgar pelos ecos, ainda em mim presentes, da longínqua leitura das citadas obras. Quando me pus, porém, a ler *História e desenvolvimento* (que não conhecia), fiquei ainda mais feliz por ter aquiescido ao arriscado convite: é de economia política que se trata, e de economia política do Brasil, o continente de reflexão e teoria que Caio Prado inaugurou por aqui.

Poder-se-ia argumentar que, feitas as contas, a associação entre economia e história não é nova e que, sendo nosso autor declaradamente marxista, tampouco deveria ter eu me surpreendido que o livro abordasse de maneira tão direta tal temática. Afinal, não existe materialismo histórico

---

[1] Caio fora estimulado a prestar o concurso por Sérgio Buarque de Holanda, que, com sua aposentadoria, deixaria vaga a cadeira. Todavia, com a edição, em dezembro daquele ano, do Ato Institucional n. 5, que fechou de vez o regime, o concurso foi cancelado e acabou não acontecendo. Em 1972, a tese foi publicada como livro pela editora Brasiliense.

sem economia política[2] nem esta sem aquele. No paradigma marxiano, a chave de tudo, a categoria básica que permite iluminar longos períodos e firmes estruturas, bem como movimentos conjunturais e rupturas, é o conceito de modo de produção, o qual abriga em sua base, como se sabe, o substrato material, econômico, da sociedade (as forças produtivas e a forma como socialmente se organizam). O argumento é válido, mas, ainda assim, insuficiente para negar o fato de serem distintos tais tipos de trabalho e reflexão intelectual, por mais que a afiliação ao marxismo nos faça renegar a cultura de especialistas – a se alastrar como praga de contágio crescente e sempre renovado.

Que a questão é ardilosa revela-se pelas afirmações, em princípio opostas, de dois de nossos mais importantes pensadores, ambos, de

---

[2] Como se sabe, *economia política* é o nome de batismo da ciência econômica. Foi utilizado a partir do começo do século XVII por autores mercantilistas franceses, que buscaram assim transpor, para o plano nacional e para a gestão do Estado, o termo "economia", antes restrito à administração doméstica, em especial ao suprimento de bens e serviços de cada família. Ele se consagra com os autores britânicos do fim do século XVIII e do começo do XIX (Adam Smith, David Ricardo, John Stuart Mill), os quais consolidam a jovem ciência e criam aquilo que se conhece como economia política clássica. Foi essa a tradição que Marx criticou, vindo daí a expressão "crítica da economia política", que figura como subtítulo de sua *magnum opus*. Ao fim do século XIX, os herdeiros daquilo que Marx chamava de "economia vulgar" colocaram em marcha a dita "revolução marginalista", que destronou a economia política original e sua teoria do valor-trabalho, substituindo-a por uma teoria sem classes sociais e assentada no valor-utilidade. Stanley Jevons, um dos pioneiros desse movimento, afirmou, em 1888, no prefácio à segunda edição de seu principal livro (publicado pela primeira vez em 1871), que seria bom a ciência desfazer-se o mais rápido possível de seu obsoleto e problemático nome composto, substituindo-o por *economia*, segundo ele, um termo mais simples e conveniente. E assim aconteceu. Na língua inglesa, a expressão "*political economy*" foi rapidamente substituída pelo singelo e nada inocente "*economics*", termo conciso e limpo de incômodas variáveis sociais. Faço aqui esta pequena digressão, pois, rigorosamente, ao aludir a Marx, deveríamos falar em crítica da economia política, não só em economia política. A partir, entretanto, da revolução marginalista e do caráter conflagrado que assume então a ciência, a expressão "economia política" acabou reservada não apenas aos marxistas, mas a todos aqueles que se opõem à escola que se tornou dominante e continuam a defender a teoria do valor-trabalho. É com isso em mente, quando nos referimos à teoria de Marx, que utilizamos tão só "economia política".

certa forma, herdeiros do espaço aberto por Caio Prado para pensar o país. Para Florestan Fernandes, no prefácio que redige, em 1988, para a terceira edição de *História e desenvolvimento* publicada pela editora Brasiliense e que vai reproduzida no presente volume, "Caio Prado Júnior dedicou-se à investigação e à explicação da economia brasileira ao longo de vários anos". Já para Fernando Novais, no ensaio que escreve à guisa de introdução do *Formação do Brasil contemporâneo* para a edição da Nova Aguilar (2000)[3], "Caio foi desde o início historiador". Verdade que Florestan, poucas páginas à frente, fala de nosso autor como "um grande historiador", enquanto Novais diz, na sequência, que a obra de Caio vai se desdobrando na análise econômica (e também na reflexão filosófica e no ensaísmo político). A troca de posições, longe de contradição, claro, alarga o campo de investigação.

No ensaio já citado, Novais afirma que, em *Evolução política do Brasil* e *História econômica do Brasil*, a exposição cronológica oblitera o procedimento analítico, que, no entanto, em *Formação do Brasil contemporâneo*, se revela inteiramente. Ao começar o livro apresentando a discussão sobre o sentido da colonização, Caio teria tornado manifesto o movimento que sai da aparência empírica para as categorias básicas de análise, o qual permite, na sequência, que os vários setores da realidade sejam iluminados enquanto manifestações desse sentido, explicando-o e sendo por ele explicados.

Na linguagem de Marx, diríamos que Caio, em sua investigação, parte da representação caótica da colônia portuguesa na América no início do século XIX, por um processo de análise chega às suas determinações mais simples e, guarnecido por elas, faz a viagem de volta, tornando inteligível aquela realidade concreta em suas múltiplas e contraditórias determinações. O mais importante aí é que a detalhada narrativa por ele construída sobre os vários segmentos e instâncias sociais do Brasil colônia

---

[3] O citado livro foi inserido na edição em três volumes de *Intérpretes do Brasil*, obra que reúne livros consagrados de análise e interpretação do país. O ensaio de Novais consta também de seu livro *Aproximações: estudos de história e historiografia*, lançado pela Cosac Naify em 2005 (p. 177-93), que é a edição aqui utilizada.

naquele momento de sua história não produz apenas explicações sobre a natureza de cada elemento, mas vai corporificando e dando efetividade àquele sentido.

Não terá sido, pois, de pouca monta a proeza de Caio. Ao transportar para a exposição o caminho de sua investigação, não só o texto ganha formidável poder argumentativo, como configura o que Novais vai chamar de "um tratamento dialético quase na forma pura"[4]. E esse método, que se torna assim praticamente explícito, deixando de portar aquela expressão rarefeita característica das considerações metateóricas, não é nada mais nem nada menos que aquilo que o próprio Marx chamou, num texto inacabado[5], de *o método da economia política*.

Fiz todo esse preâmbulo para dizer que, se Caio é o historiador que é e tem o notável trabalho de historiador que tem, isso só é possível porque ele traz na base de sua análise a economia política. Como seu objeto era a identidade nacional do Brasil e as possibilidades de sua transformação, ele fez debutar no país o território inexplorado da *economia política do Brasil*. E nosso autor fez isso desde 1930, ano do surgimento de *Evolução política do Brasil*, a primeira peça desse caminho de investigação do qual este *História e desenvolvimento*, escrito quase quatro décadas depois, também faz parte. E continuou nessa trilha fecunda mesmo depois de se filiar ao Partido Comunista, que tinha sobre o país teses que se chocavam abertamente com as descobertas que ele ia fazendo.

---

[4] Em seu brilhante ensaio, Novais enfrenta a intrincada discussão sobre a relação entre método de investigação e método de exposição abordada diretamente por Marx no prefácio à segunda edição do primeiro volume de *O capital* (Karl Marx, *O capital. Crítica da economia política*, Livro I: *O processo de produção do capital*. Trad. Rubens Enderle, São Paulo, Boitempo, 2011). Não teríamos espaço aqui para adentrar toda a riqueza dessa análise, mas vale trazer uma de suas conclusões: *Formação do Brasil contemporâneo* e a opção de Caio quanto à forma de sua construção estariam demonstrando "que a exposição (qualquer que seja a sequência) deve pressupor, ou mesmo conter, os resultados analíticos da investigação, pois somente assim poderá recompor o andamento da realidade".

[5] Refiro-me à introdução que Marx começa a escrever, mas abandona, para o livro *Contribuição à crítica da economia política*, publicado pela primeira vez em 1859, oito anos antes do surgimento do primeiro volume de *O capital*.

É neste sentido que Caio é o mestre soberano[6] da economia política do Brasil, por ter cedo inaugurado o caminho e nele permanecido firmemente. Não por acaso, portanto, *Formação do Brasil contemporâneo* tornou-se um clássico, ainda que não de imediato. Segundo Paulo Arantes, sua análise mostrando os vínculos entre sistema colonial e capitalismo comercial, golpeando por isso a convicção dual barateada que então se alastrava na forma de uma crença na justaposição de "dois Brasis", permaneceu no limbo por pelo menos duas décadas, até ser reativada pela escola uspiana de ciências sociais[7]. Hoje, porém, é difícil pensar em várias das mais importantes reflexões sobre nosso país, principalmente no que concerne às relações entre a base material e as demais instâncias da produção social da vida, sem que se faça referência a seu trabalho. Menciono aqui uns poucos, mas relevantes, exemplos de autores e escolas tributários do esforço pioneiro do mestre, o que nos levará de volta a *História e desenvolvimento*.

Começo pelo mesmo Fernando Novais, de quem já me socorri aqui. Não é preciso mencionar a riqueza e as profícuas consequências de seus esquemas em torno do *antigo sistema colonial* para o entendimento do que viemos a ser. Esses esquemas agregam à expansão comercial marítima europeia, que está no cerne do processo de investigação de Caio Prado, o contexto maior do andamento da acumulação primitiva no centro do sistema, sob a régua e o compasso do capital comercial. Note-se também que o corte que produz a análise sincrônica de ambos os autores se dá no mesmo ponto: a crise do antigo sistema colonial que Novais examina, vale dizer, o curto período de três décadas que vai do fim do século XVIII ao início do XIX, é o mesmo "ponto morto" a que havia chegado o regime colonial de que nos fala Caio Prado na primeira página de *Formação*.

Para o historiador Milton Ohata, a última interpretação abrangente de nossa historiografia antes de *O trato dos viventes*, de Luiz Felipe de Alencastro, foi justamente *Portugal e Brasil na crise do antigo sistema colonial*, de Fernando Novais, obra que, em sua visão, "aprimora as

---

[6] Aproprio-me aqui do bonito termo com o qual Chico Buarque se refere a Antonio Carlos Jobim na canção "Paratodos" (1993).
[7] Ver Paulo Arantes, *Sentimento da dialética* (Rio de Janeiro, Paz e Terra, 1992), p. 24-5.

análises de Caio Prado em *Formação do Brasil contemporâneo*"[8]. E, sobre o primeiro trabalho, ele diz que Alencastro "com uma erudição de atordoar [...] periodiza, multiplica e dá corpo aos enunciados teóricos de mestre Novais". Um silogismo básico é suficiente neste ponto para que se perceba por que Caio Prado é o mestre soberano.

É verdade que as coisas aqui não são tão simples, e o próprio Ohata afirma logo de início que, ao mesmo tempo que *O trato* dá continuidade ao trabalho de Novais, ele também o modifica. De fato, a argumentação de Alencastro é poderosa no sentido de mostrar a autonomia que ganham os interesses luso-brasílicos frente àqueles da metrópole, de modo que o tráfico negreiro (que já estava no escopo do comércio português desde meados do século XIV), ao funcionar como a cola do sistema, acaba por reduzir a importância que até então se costumava atribuir ao pacto colonial. Todavia, para o que quero mostrar aqui, esse embate não se coloca como empecilho, antes o contrário: revela quão profícuo foi o pioneirismo de Caio Prado.

Também não terá sido casual uma observação de um dos autores mais celebrados da teoria da dependência sobre Caio e sua obra. Em ensaio sobre ele, Fernando Henrique Cardoso[9] afirma que, em *Formação*, o grande historiador foca a luz no fundamental, isto é, a articulação entre dependência externa e exploração interna, dinâmica que constitui, como se sabe, uma das chaves do famoso livro que o ex-presidente escreveu com Faletto.

Não será demais lembrar ainda uma entrevista de Chico de Oliveira[10], na qual afirma ele que as pistas do dualismo[11] já estão em Caio; mais ainda, que, em *A revolução brasileira*, escrito em 1966, e que Chico vê como uma espécie de coroamento de toda uma interpretação do Brasil

---

[8] Utilizo aqui a resenha de *O trato dos viventes* elaborada por Ohata para a *Novos Estudos*, Cebrap, São Paulo, n. 59, mar. 2001.

[9] Aludo ao ensaio de FHC que faz parte da coletânea *Pensadores que inventaram o Brasil* (São Paulo, Companhia das Letras, 2013).

[10] A entrevista encontra-se na edição conjunta de dois livros de Caio, *A revolução brasileira* e *A questão agrária no Brasil* (São Paulo, Companhia das Letras, 2014).

[11] Mestre Chico refere-se aqui, claramente, à razão dualista que ele critica em seu famoso livro de 1973.

que ele vinha construindo, a percepção-chave é que, em nosso país, o capitalismo, ao não integrar, desintegra, de modo que nosso desenvolvimento não pode seguir o padrão clássico.

Depois de transitarmos pela história de Novais e Alencastro e pela economia política da teoria da dependência e de Chico de Oliveira, percebendo aí, sem grande dificuldade, os vestígios da exploração inovadora de Caio, culminamos, na observação de Chico, no fato de o grande historiador concluir, no livro de 1966, que o desenvolvimento brasileiro não poderia ser canônico. Este *História e desenvolvimento*, escrito dois anos depois, tem nessa percepção sua tese central. Não é por isso "apenas" um livro de história, ainda que se valha dela e tenha sido escrito para concurso de cátedra na área. Daí também por que me senti menos desconfortável em arriscar esse posfácio assim que comecei a lê-lo.

Na apresentação à edição em livro, publicada em 1972 (como dito, o texto era originalmente tese universitária), Caio diz, logo no início, que seu assunto é a maneira de conceber a economia como disciplina científica[12] e seu objetivo central é reivindicar para a história o papel que de direito lhe cabe como fonte informativa e explicativa do processo de desenvolvimento do país. Daí o subtítulo: *A contribuição da historiografia para a teoria e prática do desenvolvimento brasileiro*.

Cabe lembrar que, naqueles meados dos anos 1960, estavam no auge da moda as teorias etapistas, que tinham no economista americano Walt Whitman Rostow seu maior expoente. Na base do "eu sou você amanhã", os países centrais diziam aos subdesenvolvidos que alcançar

---

[12] Na realidade, como o leitor pode conferir neste volume, Caio fala em "economia política" e não em "economia", como coloquei. Na leitura do que se segue fica claro, porém, que ele tem em mente a ciência econômica tal como era então configurada pela corrente dominante, ou seja, *economics*, simplesmente "economia", portanto (ver nota 2 deste posfácio). Ocorre que, naquele tempo, apesar de a expressão "economia política" já ter sido aposentada havia algumas décadas, não era incomum que a referência à economia como ciência fosse feita dessa forma, sobretudo entre aqueles que não comungavam com a ortodoxia vigente. E era esse evidentemente o caso de Caio.

o *status* maior era só questão de tempo. O livro de Rostow, *The Stages of Economic Growth*, é de 1960, tendo aparecido, portanto, depois do surgimento das teses cepalinas, de *Formação econômica do Brasil* de Furtado[13] e de tantos livros de Caio Prado que iam todos mais ou menos na direção contrária, a saber: a de entender o subdesenvolvimento como um tipo de desenvolvimento capitalista, de modo que a superação do atraso não poderia ser esperada como desígnio inescapável das forças naturais do mercado.

A briga de Caio neste livro não é outra. Para ele, o desenvolvimento e o crescimento econômicos constituem temas essencialmente históricos, que teriam sido açambarcados de modo indevido pela economia. E isso seria ainda mais verdadeiro para países de passado colonial como o Brasil. Assim, na primeira parte do livro, dividido que é em dez partes, Caio vai basicamente defender essa tese. Ele mostra de que modo a teoria ortodoxa do desenvolvimento se relaciona com a teoria dos ciclos e como passam, então, a dominar as teses inversionistas, sem uma explicação clara sobre como se dá o surgimento dos investimentos que podem gerar o suposto círculo virtuoso. Apesar de não fazer uma análise detalhada das proposições de Rostow, Caio é brilhante em desmontar o argumento etapista, evidenciando de forma cristalina que aquela "teoria" não é teoria, porque efetivamente nada explica. Aponta, assim, o caráter fortemente ideológico do prestigiado texto, que, na realidade, pouco passa de panfleto... e que vinha a calhar então para o capitalismo, num mundo ainda impactado pela revolução cubana de 1959. Não por acaso, o subtítulo de *The Stages of Economic Growth* é *A Non-Communist Manifesto* – e, além de economista, Rostow foi também secretário de Segurança de Lyndon Johnson.

Para Caio a conclusão é óbvia: sem o socorro da história, os processos de desenvolvimento não são compreensíveis nem se podem discutir

---

[13] Faz parte do repertório de intrigas da história intelectual do Brasil uma relação supostamente amuada entre Celso Furtado e Caio Prado, pelo fato de o primeiro não ter citado o segundo em *Formação econômica do Brasil*. Luiz Bernardo Pericás, no entanto, conta, no livro já citado, que a relação entre os dois era melhor do que se imagina, que Celso considerava Caio o único intelectual de esquerda de sua geração, e não superado pelos seguintes.

seriamente as perspectivas de um país como o Brasil sem que a investigação sobre seu passado tenha papel determinante. Na segunda parte do livro, nosso autor desenha o esquema dentro do qual, a seu ver, se esboça a história brasileira. Resumidamente, ele retoma as teses centrais de *Formação do Brasil contemporâneo* e do sentido da colonização. O foco está nas contradições crescentemente geradas por uma nação que, em meio à rudimentar empresa comercial inaugurada pelos portugueses, vai se delineando e extravasando os estreitos quadros institucionais do sistema colonial.

Na terceira parte, Caio vai mostrar como surge das contingências do objetivo comercial a ideia de povoar o território e, na quarta parte, de que forma a propriedade açucareira dará o tom da colonização: grandes propriedades, de cultura única, com objetivo mercantil, baseadas em imensos contingentes de trabalho escravo (indígena ou negro), sob a direção imediata do proprietário ou de seu feitor. Para ele, "é nesse quadro que se disporá o conjunto da economia colonial; e sobre essa base se organizará a sociedade brasileira".

Nas duas partes seguintes, quinta e sexta, o autor vai tratar daquilo que é "um assunto da maior importância", a saber, a questão da reprodução da mão de obra no que há aí de mais básico: a alimentação. Demonstra que, como a agricultura era inteiramente voltada ao comércio externo, coisa própria do mundo moderno já embalado pelo capital, as atividades destinadas à produção do sustento da base da população eram sempre relegadas a um papel secundário. Lembra, nesse sentido, que um dos principais motivos da insatisfação dos senhores de engenho pernambucanos contra o domínio holandês é precisamente a atenção dada pelas então autoridades ao plantio obrigatório da mandioca. Deriva daí sua conclusão de que a estrutura organizada para a produção externa é incapaz de proporcionar um mercado interno apreciável, pois o bom mercado das classes privilegiadas (proprietários, dirigentes) é pequeno e atendido por importações, ao passo que o grande mercado da massa da população é inefetivo em termos de demanda, já que a maior parte da mão de obra é escrava.

Na sétima parte, Caio traz à cena aquele ponto morto da história, no qual "o regime colonial já realizara o que tinha para realizar", para usar suas palavras em *Formação*. Mostra, então, as consequências periféricas do que vai em marcha no centro do sistema. A Revolução Industrial e a nova ordem internacional que ela produz sacodem a colônia e começam a produzir fendas no regime. Ficam para trás o isolamento do Brasil e o domínio político-administrativo português, dando lugar à construção de um Estado nacional. Para nosso autor, pressupostamente, nação significa, no plano econômico, "uma organização voltada essencialmente para o atendimento das necessidades próprias da coletividade que a compõe", de modo que essas transformações abrem novas perspectivas para o Brasil.

Todavia, e é com tal observação que se inicia a oitava parte, os novos horizontes não decorrem de uma modificação substantiva que teriam trazido a separação da metrópole e a extinção do monopólio comercial. O ambiente externo é que se modificara de tal forma que não deixaria incólume a economia colonial. No bojo dessas profundas transformações, a função exportadora dessa economia, permanecendo, permite, por força da célere ampliação do mercado internacional para gêneros primários, que a economia brasileira logre "ultrapassar suas mesquinhas perspectivas anteriores", conhecendo relativo progresso ao longo do século XIX e do início do XX, inclusive possibilitando a transformação do Império em República. E, para ele, é o café que vai constituir de modo preeminente "a instância máxima em que se verificam as novas dimensões adquiridas pela função exportadora".

Não resisto a fazer aqui, antes de concluirmos a análise do livro, um pequeno parêntese, suscitado por essa observação e pela visão de Caio quanto à importância do famoso produto como instrumento potencial de transformação de nossa realidade. O faço também porque presto com isso um tributo àquela fecunda tradição intelectual que, a meu ver, ele estreou. Penso que não desarticula nem enviesa seu argumento dizer que, para ele, o café aparece como a síntese das múltiplas determinações do país em meados do século XIX, exprimindo, portanto, aquela unidade do diverso que a realidade concreta revela quando filtrada pelas categorias.

Assim, o café foi o produto mais bem-acabado de nosso passado colonial agrário, mas também seu potencial coveiro, pois se apresentou como passaporte para uma (promissora?) etapa futura, em que a herança daqueles tempos acanhados viria a ser superada. Em *Sentimento da dialética*,

Paulo Arantes diz que "a dialética está igualmente presente nos dois lados, o mesmo princípio põe em movimento a forma estética e a forma social". Refere-se aí, de um lado, à prática social do favor numa colônia que se tornou "moderna", porque independente, mas carregando consigo regime imperial e escravidão, e, de outro, à volubilidade do narrador machadiano, que Roberto Schwarz descobre como sendo a forma estética desenvolvida pelo grande escritor a partir desse solo social. Arrisco aqui um palpite de que poderíamos incluir o café como a forma econômica congruente com aquela realidade e sua contraparte estética. Mais do que um simples produto, e inegavelmente por conta de seu sucesso capitalista, o café seria a tradução, no plano *stricto sensu* material, daquele antagonismo em que "os incompatíveis saem de mãos dadas" de que nos fala o mesmo Roberto em *As ideias fora do lugar*. Caminhando da superestrutura em direção à sua base, teríamos forma estética (o permanente capricho do narrador de Machado), forma social (a prática cotidiana do favor) e forma econômica (a bem-sucedida mercadoria café).

Não que as condições do desacerto permanente da vida da nação já não estivessem postas desde sua independência formal, ou seja, duas ou três décadas antes da grande expansão cafeeira; simplesmente que o café, capturado pelo arranque final do capitalismo que se desenrolava no centro, encarnou à perfeição o novo momento prenhe de possibilidades (e contradições) e seguramente o tornou mais relevante. Que o café constitui essa síntese contraditória do diverso, esta "circunstância singular", para voltar aos termos de Caio, fica evidente pelo debate que atravessou os anos 1970 quanto à natureza das relações entre o café e a indústria, a saber, se o sucesso do primeiro teria criado as condições para o desenvolvimento industrial ou se, ao contrário, o teria obstado[14].

O interessante é que Caio, e voltamos assim ao livro, escrevendo no fim dos anos 1960, faz conviver, sem forçar a mão, as duas teses que iriam

---

[14] Um bom relato da polêmica, que, a meu ver, deriva em parte de uma leitura um tanto estreita da tese furtadiana do deslocamento do centro dinâmico, encontra-se no artigo de Flávio Saes, "A controvérsia da industrialização na Primeira República", *Estudos Avançados*, v. 3, n. 7, dez. 1989.

se enfrentar, admitindo, de um lado, que os momentos de crise do setor exportador eram favoráveis ao setor industrial porque dificultavam as importações e estimulavam inversões alternativas ao café e, de outro, que a riqueza acumulada pela produção cafeeira intensificava a vida econômica e fomentava a indústria, de que a vitalidade da capital paulista seria evidência palmar. Uma explicação para tamanha serenidade no trato da questão seria precisamente que nosso autor, dialético, intuíra com tanta felicidade esse caráter sintético carregado pelo café, que as contradições que ele encarnava (e que só vieram a ser pela primeira vez devidamente diagnosticadas por Sérgio Silva em livro de 1976)[15] passearam naturalmente por seu texto, sem reclamar justificação.

Ainda com relação ao café, lembro que Caio discute também a brutal importância do capital estrangeiro na dinâmica economia que se articulava em seu entorno, seja financiando a produção e organizando a exportação, seja investindo em estradas de ferro. Salvo exceções, o capital local ficara adstrito à organização das lavouras, mas é sua indiscutível presença aí que vai distinguir a economia periférica brasileira. Para ele, a forte participação do empresariado local vai permitir uma associação ou uma integração de conjunto entre ambas as partes, que funcionam como um todo coerente. Caio se refere também à importância do café nos dois "fatos máximos da história brasileira do século passado", que são a abolição e a imigração europeia. Segundo ele, esses dois elementos têm consequências econômicas de extrema importância pelo impulso que trazem à ampliação do consumo e do mercado interno, possibilitando, em princípio, uma substantiva transformação de nossa economia, com gradativo recuo de seu antigo e tradicional exclusivismo exportador.

Mas a situação é complexa, e nosso passado colonial vai pesar mais uma vez. Na nona e penúltima parte, Caio procede a uma alentada análise da evolução da economia brasileira desde o fim do século XIX, com foco no comportamento das contas externas. Passa pela crise dos anos 1930, pelos surtos de industrialização provocados pelos períodos de estrangulamento

---

[15] Sérgio Silva, *Expansão cafeeira e origens da indústria no Brasil* (São Paulo, Alfa-Ômega, 1976).

externo e pelo sucessivo aumento do endividamento. Sobre a presença crescente do capital externo no núcleo dinâmico da indústria brasileira, diz que "isso decorre do fato de o Brasil entrar para a história contemporânea [...] na condição, que já era a sua, de uma área periférica e simples apêndice exterior e marginal dos centros nevrálgicos [...] da economia internacional". Pela exigência de vultosas divisas para a realização dos lucros e pelo porte sempre apoucado de nosso mercado interno, os capitais externos, apesar do estímulo inicial que constituem, tendem a permanentemente reconduzir a economia à função exportadora. Desse modo, para ele, "a participação do capitalismo internacional na economia brasileira constitui, assim, um embaraço, e embaraço crescente à transformação da mesma economia e à libertação dela do seu passado colonial".

Na décima e última parte do livro, o autor busca reafirmar sua tese sobre o caráter histórico do tema do desenvolvimento. Começa por observar que, em nossa economia, diferentemente do que se passa nos países desenvolvidos, os mercados interno e externo não representam meros segmentos que se recobrem, se sobrepõem e se situam no mesmo plano. Aqui, trata-se de uma dualidade, pois eles vivem à parte um do outro, só se interconectando subsidiariamente, e, mais complicado, o primeiro, para onde se dirige o produto da indústria, é função do segundo (baseado no setor primário) e dele dependente. No seu modo de entender, é o avanço do primeiro, de par com o processo de industrialização, que pode representar a abertura para um novo sistema econômico, para uma economia nacionalmente integrada e voltada ao atendimento das necessidades internas da coletividade que a constitui. Mas aqui o mercado interno é dependente, não tem autonomia, vive em função do outro.

Segundo Caio, tal situação é decorrência de um passado que insiste em permanecer. A nacionalidade brasileira, em todos os seus elementos, a começar pela instalação e pela organização dos grupos humanos que para ela evoluiriam, assentou suas bases na existência de mercado externo para os gêneros que se poderiam produzir em seu território. Apesar de toda a complexidade que o cenário socioeconômico ganhou ao longo dos séculos, esse traço ancestral ainda estava presente e visível na citada dualidade e no caráter subordinado das reais necessidades do país. Era, portanto, a persistência do passado que punha obstáculos ao avanço do Brasil, de modo que nosso caso evidenciava que a problemática do desenvolvimento não poderia ser adequadamente tratada ignorando-se a história.

O que dizer da análise de Caio, pensando no que se tornou o Brasil meio século depois? Se é verdade que há certo aspecto datado no livro, visto que era seu objeto o desenvolvimento brasileiro de então (fim dos anos 1960), é impossível não reconhecer o caráter premonitório de algumas de suas observações. Por exemplo, logo na apresentação, pondera ele que o recorrente apelo do país aos investimentos externos na indústria "implica transferir para mãos estranhas e subordinar a seus interesses as melhores oportunidades de negócios e atividades econômicas", o que traduz com grande fidelidade o que se passa hoje na estrutura da produção brasileira.

Mais relevante, porém, vai ele apontar o círculo vicioso que tal movimento reiterado produz e que só faz "avançar [...] o processo que torna a economia brasileira nada mais que simples apêndice da finança internacional". Quem conhece minimamente a evolução da economia brasileira das últimas décadas sabe que nos afundamos cada vez mais nesse atoleiro. Fomos abalroados pela crise da dívida externa nos anos 1980, passamos então por um complicado processo de alta inflação e moratória e decidimos, afinal, no início dos anos 1990, transformar nossa economia numa plataforma internacional de valorização financeira, abandonando qualquer veleidade em torno de uma indústria nacional e, pior, de um projeto para o país. É verdade que a indústria doméstica foi muito além do que previu Caio, e chegamos mesmo a transformar os produtos manufaturados em parcela substantiva de nossas exportações, coisa que ele achava muito pouco provável. Todavia, vista a situação do ponto em que hoje nos encontramos, esse breve momento parece um soluço na "linha central da marcha de nossa história", para usar suas próprias palavras.

Contudo, o que talvez seja mais interessante é aquilo que, no meu modesto entender, está no cerne da tese de Caio acerca dos entraves ao desenvolvimento brasileiro e que se relaciona também com o "assunto da maior importância" que ele discute na quinta e na sexta partes. Repetidas vezes no livro, Caio se refere à estrutura de classes que a nação brasileira teria herdado daquele passado colonial e que persistiu história afora, a começar pela permanência da nefasta escravidão, mesmo ganhando independência a colônia. Resumidamente, de um lado, uma minoria de proprietários, dirigentes e usufrutuários da produção mercantil, que constituía o nervo econômico do sistema, e, de outro, uma grande massa de trabalhadores, a fornecer o esforço necessário à produção. Ora, a massa trabalhadora, em sua enorme maioria, escrava, era simples instrumento de produção, sendo relegada sempre a uma posição degradada, com níveis de vida muito baixos e consumo insignificante[16].

De acordo com nosso autor, ainda que a estrutura social tenha se tornado mais complexa, a sociedade brasileira conservava esses traços primevos, sobretudo a habitual inferiorização socioeconômica de suas classes trabalhadoras e populares. O que se deduz, portanto, é que sem a transformação dessa situação o caráter restrito do mercado interno não desapareceria, não viria o desenvolvimento e a economia brasileira permaneceria mero apêndice marginal e periférico do centro desenvolvido.

É difícil olhar para o país hoje e não dar razão a ele, até porque, por força das vicissitudes do processo mundial de acumulação, foi se recompondo a base material original que redundou naquela estrutura, já que a "função exportadora" da economia brasileira (leia-se produtora de alimentos e matérias-primas), que teria então, de acordo com Caio, entrado em declínio, foi devidamente resgatada, dessa vez com traje inteiramente capitalista, pela soja e pelos produtos animais e minerais. Pensando bem, a situação é hoje talvez ainda pior, pois tais setores, já guarnecidos de novas camadas de progresso técnico, incorporam muito menos mão de obra, de modo que boa parte da massa (potencialmente)

---

[16] Cabe assinalar a permanência dessa situação de absoluta carência graças ao papel desempenhado pelas classes dirigente e dominante (ditas nacionais por puro automatismo): elas conspiraram abertamente contra a reforma agrária no fim do século XIX, afastando da nascente cidadania e destinando à marginalidade a imensa legião de ex-escravos. Vale a pena conferir de Alencastro "Abolição da escravidão em 1888 foi votada pela elite evitando a reforma agrária, diz historiador", em entrevista histórica (em ambos os sentidos) à BBC Brasil.

trabalhadora, que nunca trouxe grandes preocupações aos de cima quanto às condições de sua existência, pode agora ser simplesmente ignorada. Se, em sua versão original, a estrutura da sociedade brasileira carecia de coesão, agora esse atributo, crucial à existência da nação como nação, parece ainda mais distante.

Mas o novo capítulo do eterno retorno do mesmo não é só obra das idiossincrasias nacionais. Resulta também de crises irresolvidas no centro do processo de acumulação. O caráter excêntrico de uma produção escravista destinada ao mercado explica-se, como ensinou Fernando Novais, pelo processo de acumulação primitiva em andamento na Europa, capitaneado pelo capital comercial. Na etapa primitiva, preveniu Marx, não é só a polida expropriação do valor excedente que vale. Tudo vale: roubo, extorsão, aprisionamento, comércio de peles negras. Ocorre que, de fato, como lembrou David Harvey, inspirado em Rosa Luxemburgo[17], esses mecanismos incivilizados de valorização nunca saíram completamente de cena e, em crises de sobreacumulação como a enfrentada pelo capitalismo já há algumas décadas, tendem a se multiplicar. As prescrições neoliberais não são nada mais que expedientes desse gênero, na sôfrega busca de novos ativos nos quais desafogar o capital acumulado em excesso. Para o Brasil, onde o ciclo do desenvolvimento burguês ficou a meio caminho, tudo se passa como se nunca tivéssemos conseguido sair do círculo de ferro da acumulação primitiva, que agora dá o tom também daquilo que se passa no coração do sistema.

Em 2005, escrevi com o professor Christy Pato um texto destinado a discutir a evolução dos investimentos no Brasil. Ali, claramente inspirados em Caio Prado, arriscamos falar num "sentido da industrialização"[18]. Argumentamos que a vinda do capital produtivo para a periferia dera uma sobrevida ao processo de acumulação que ia perdendo o fôlego no centro, enquanto se preparavam as condições para a dominância

---

[17] A tese está no livro *O novo imperialismo* (trad. Adail Sobral e Maria Stela Gonçalves, São Paulo, Loyola, 2004).
[18] O texto encontra-se em João Antonio de Paula (org.), *Adeus ao desenvolvimento: a opção do governo Lula* (Belo Horizonte, Autêntica, 2007). Aparece também como capítulo de meu livro *Brasil delivery* (São Paulo, Boitempo, 2008).

financeira que estava por vir. Hoje, uma grande crise internacional depois, o sistema combina corporações mundiais gigantes, rentismo e montantes espetaculares de capital fictício, enquanto, num misto de acumulação primitiva e reprodução ampliada, algumas periferias se industrializam, ao passo que outras desenvolvem o movimento contrário. As idiossincrasias nacionais explicam por que ficamos no segundo grupo[19]. Entre elas, com total proeminência, a indiferença com que nossas elites puderam sempre, sobranceiras, levar adiante o capitalismo no Brasil, sem terem que carregar consigo, nesse movimento, a massa da população.

Numa entrevista no ano 2000[20], Roberto Schwarz lembra da inorganicidade nacional a que se referia Caio e observa que uma das chaves dela teria sido indicada por Alencastro, em O *trato dos viventes*: a combinação entre a América portuguesa e a África portuguesa gerara uma situação em que a classe dominante brasileira não se responsabilizava pela reprodução social da mão de obra necessária à atividade produtiva do país, conforto que se prolongou até as primeiras décadas do século XX, com a imigração europeia. Em sequência, assinala que as feições bárbaras desse mecanismo fantasticamente antissocial, antes de terem se extinguido, já estariam ressurgindo com força. Assim, tudo se passa, nas palavras dele, "como se a força civilizatória da nação não tivesse sido senão um interregno na história do capital". Duas décadas e mais uma ilusão depois, a sentença parece mais verdadeira e aterradora que nunca. Como o demonstra este *História e desenvolvimento*, Caio Prado foi certamente o

---

[19] Em estudo feito em 2019 para o Instituto de Estudos para o Desenvolvimento Industrial (Iedi), Paulo Morceiro e Milene Tessarin apresentaram quadro em que mostram a distribuição do valor manufatureiro adicionado mundial, no período 1950-2017. É sintomático que, principalmente a partir de 1990, todos os países do centro perdem participação (ao tempo em que vão fortalecendo sua participação no valor financeiro e em outros expedientes rentistas), enquanto a participação da periferia cresce (e não se trata apenas de China; também Índia, Indonésia, Irã, Filipinas, Arábia Saudita, México etc.). O Brasil é uma retumbante exceção a essa regra (assim como a Argentina, mas sua participação nunca teve de fato relevância).

[20] "Tira-dúvidas com Roberto Schwarz", entrevista concedida pelo mestre a Afonso Fávero, Airton Paschoa, Francisco Mariutti e Marcos Falleiros, publicada em *Novos Estudos*, Cebrap, São Paulo, n. 53, 1999.

primeiro pensador que, embasando a economia política na história, ou a história na economia política, logrou desvendar a força dos impulsos que a sustentam.

agosto de 2021

SOBRE O AUTOR

Caio da Silva Prado Júnior nasceu em São Paulo, no dia 11 de fevereiro de 1907. Realizou seus estudos secundários no Colégio São Luís, passando um ano em Eastbourne (Inglaterra). Em 1924, ingressou na Faculdade de Direito do Largo São Francisco, onde tornou-se bacharel em ciências jurídicas e sociais em 1928, mesmo ano em que ingressou no Partido Democrático (PD). Ao fim de 1931, abandona o PD e, alguns meses depois, ingressa oficialmente no Partido Comunista do Brasil (PCB), atuando também no Socorro Vermelho Internacional.

Em 1933, publica seu primeiro livro, *Evolução política do Brasil*, e viaja para a União Soviética, país que será tema de sua obra seguinte, *URSS, um novo mundo*, lançada em 1934, época em que ajuda a constituir a Associação dos Geógrafos do Brasil (da qual tornou-se secretário). Em 1935, passa a ser o presidente regional da Aliança Nacional Libertadora (ANL) em São Paulo. Foi preso no fim do mesmo ano. Libertado em 1937, partiu para a Europa, de onde retornou apenas em 1939.

Em 1942 vem à luz seu clássico *Formação do Brasil contemporâneo* e, em 1943, Caio Prado Júnior, junto a outros, funda a editora Brasiliense. Eleito deputado estadual pelo PCB em 1947, tem seu mandato cassado no ano seguinte, sendo encarcerado por quase três meses. Em 1949, participa do Congresso da Paz em Paris e visita a Tchecoslováquia e a Polônia.

Em 1954, inscreve-se com a tese *Diretrizes para uma política econômica brasileira* para o concurso para a cátedra de economia política da Faculdade de Direito da Universidade de São Paulo (USP), pleito que só ocorre em 1956. Ele não terá êxito nesse caso, mas receberá o título de livre-docente. O historiador já havia lançado em 1955 a *Revista Brasiliense*. Faz uma nova viagem à União Soviética (e também à China) em 1960, e esta lhe rende mais um livro, *O mundo do socialismo*, editado em 1962.

Em abril de 1964, logo depois do golpe militar, ficou preso por quase uma semana. A *Revista Brasiliense* se viu obrigada a encerrar suas atividades. Em 1966, sai *A revolução brasileira*, trabalho com o qual ganhou, em fevereiro do ano seguinte, o prêmio Juca Pato (intelectual de 1966), da União Brasileira de Escritores.

Em 1968, estimulado por Sérgio Buarque de Holanda, inscreve-se no concurso para ocupar a cadeira de história da civilização brasileira da Faculdade de Filosofia, Ciências e Letras da USP, com a tese de livre docência *História e desenvolvimento: a contribuição da historiografia para a teoria e prática do desenvolvimento brasileiro*. A banca é cancelada por motivos políticos. Em 1969, é indiciado por "incitação subversiva". Depois de se exilar por poucos meses no Chile, retorna ao Brasil. Em 1970, é condenado a quatro anos e seis meses de prisão (sentença que depois será reduzida). Ficou no Presídio Tiradentes e, em seguida, foi transferido para o 16º Batalhão da Polícia Militar, em São Paulo, sendo libertado em agosto de 1971.

Em 1972, lança o opúsculo *História e desenvolvimento* e, em 1979, *A questão agrária no Brasil*. Caio Prado Júnior faleceu no dia 23 de novembro de 1990. Foi casado com Hermínia Ferreira Cerquinho (conhecida como Baby), com Helena Maria Magalhães Nioac (a Nena) e, em seus últimos anos, com Maria Cecília Naclério Homem. Teve três filhos: Danda, Caio Graco e Roberto. Também é autor de *História econômica do Brasil* (1945), *Notas introdutórias à lógica dialética* (1959) e *Esboço dos fundamentos da teoria econômica* (1957), entre outros.

Folha de rosto da primeira edição publicada de
História e desenvolvimento, em 1972,
pela editora Brasiliense.

Esta edição livro foi publicada no fim de 2021, às vésperas do aniversário de cinquenta anos da primeira publicação do texto, originalmente escrito como tese de livre docência. Composto em Adobe Garamond Pro, corpo 12/15, foi impresso em papel Avena 80g/m² pela Rettec, para a Boitempo, com tiragem de 4 mil exemplares.